von Anne-Marie Dalmais
mit Illustrationen von Annie Bonhomme
aus dem Italienischen von Edith Jentner

Pestalozzi-Verlag, D 8520 Erlangen

Januar

Familie Pinguin Schwarzfrack

1 Das Familienfoto

Große Aufregung in Eisleben, einem kleinen Dorf in der Arktis, dem Nordpolargebiet! Ein Foto geht reihum. Es ist Familie Pinguin, die aus der Antarktis hierherziehen wird.
Das ist Herr Pinguin mit dem roten Schlips, und das Frau Pinguin mit Hut und Tuch. Vor ihnen stehen ihre drei Kinder. Die Zwillingsbrüder Eiszapfen und Schneeball gleichen sich wie ein Ei dem anderen, aber sonst sind sie ganz verschieden. Eiszapfen ist brav und lernt gut, Schneeball ist ein echter Wirbelwind. Ihre Schwester heißt Vanilleeis. Du kannst dir sicher vorstellen, warum.

2 Die Nachbarinnen

Familie Pinguin ist ins neue Iglu eingezogen — ein Haus aus Schnee und Eis. Es steht gleich neben dem von Frau Möwe Schreihals. Sie hat gerade Besuch von Frau Seeschwalbe Zwitscher. Die beiden sprechen über die neuen Nachbarn.
„Also, ich bin froh, solche Nachbarn zu haben!" sagt Frau Schreihals zu Frau Zwitscher. „Bei den Pinguins geht's lustig zu. Sie hören den ganzen Tag Musik. Und so ist mir's auch nicht mehr langweilig."

3 Das erste Kinderzimmer

Sehen wir uns mal im Iglu von Familie Schwarzfrack um. Das Zimmer im Erdgeschoß ist immer schön aufgeräumt. Wem gehört es wohl?

Es gehört Vanilleeis. Das Pinguin-Mädchen mag gelbe Sonnen und ist sehr ordnungsliebend.

4 Das zweite Kinderzimmer

Gleich darüber ist ein Zimmer, in dem ein fürchterliches Durcheinander herrscht. Überall liegen Spielsachen und Schulbücher herum. Wer wohnt hier?

Hier haust Schneeball, der kleine Wirbelwind. Er hat nie Zeit, um für Ordnung zu sorgen.

5 Das dritte Kinderzimmer

Im obersten Zimmer entdeckst du gleich das Mikroskop auf dem Tisch, die Lupen und die ordentlich gestapelten Bücher. Wer hat den Drachen gebaut?

Eiszapfen, der einmal Wissenschaftler werden will. Er untersucht und beobachtet alles.

Januar

6 Auf, zur Schule!

Vanilleeis, Eiszapfen und Schneeball besuchen wie alle Kinder aus Eisleben in der Winterzeit die Schule. Und der dauert in der Arktis sehr lange — volle sechs Monate!
Also marschieren die kleinen Schwarzfracks durch Schnee und Eis zur Schule.
„Eins, zwei! Eins, zwei!" Schneeball nimmt Anlauf und schlittert übers Eis. So kommt ihm der Weg nicht so lang vor.

7 Hurra, Erdkundestunde!

Der wißbegierige Pinguinjunge Eiszapfen geht gern in die Schule. Von allen Fächern mag er Erdkunde am liebsten. Besonders seit sie eine neue Lehrerin haben, die weitgereiste Frau Strauß aus Australien.
„Wo ist der Nordpol?" fragt sie. Eiszapfen zeigt auf einen Punkt ganz oben auf der Weltkarte.

„Hier, mitten im Nordpolargebiet, das auf der Karte als weißer Fleck zu erkennen ist."

8 Eine Kajakfahrt

Weißt du, welches das Lieblingsfach von Schneeball ist? Kajakfahren. Schön, was ist aber ein Kajak?

Es ist das schmale Einmannboot der Eskimos, das mit einem Paddel fortbewegt wird.

9 In der Pause

Vanilleeis geht auch gern zur Schule, aber ... wegen der Pausen. Dann trifft sie ihre lieben Freundinnen Seeschwalbe und Papageitaucher. Was die sich alles zu erzählen haben! Und wie sie tuscheln und kichern! Die Pause ist eigentlich jedesmal viel zu kurz!

10 Kommt zu Tisch!

Die Geschwister Pinguin streiten manchmal, aber in einem sind sie sich immer einig: Es gibt nichts Besseres als Mutters Pfannkuchen! Ein ganzer Berg davon steht vor ihnen. Mampfend beginnen sie ihn abzutragen. Ein Stück nach dem anderen. Einer aber kriegt nicht genug davon. Errätst du, wer das ist? Schneeball, natürlich.

Januar

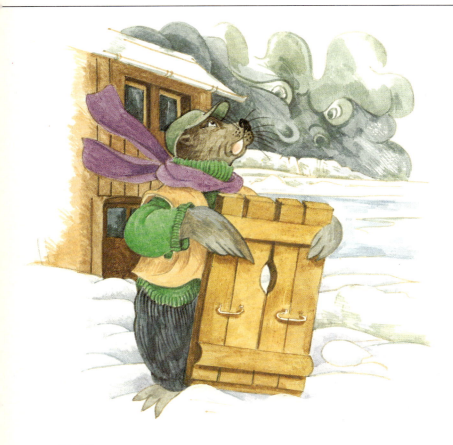

11 Eine schwarze Wolke

Eine schwarze Wolke schiebt sich wie ein riesiges Ungeheuer am Horizont näher. Die Bewohner von Eisleben sind beunruhigt, vor allem Herr Bartrobbe, der Ladenbesitzer. „Die Wolke gefällt mir ganz und gar nicht", sagt er und verschließt Fenster und Türen zusätzlich mit festen Holzläden. Nur Herr Eisbär geht unbekümmert seiner Arbeit nach.
„Aber, aber, wer wird sich denn vor einer unschuldigen Wolke fürchten!" brummt er. Er hat nämlich schon die schlimmsten Unwetter erlebt.

12 Der Sturm bricht los

Plötzlich setzt der Wind ein. Schon bald wird er zum Sturm, dann zum heftigen Schneesturm. Eiszapfen und Schneeball werden auf dem Heimweg davon überrascht. Hui! reißt der Wind Eiszapfen die blaue Wollmütze vom Kopf ... Sie laufen hinterher und haben sich bald verirrt.

13 *Allein im Schneesturm*

Herr Eisbär bastelt an seiner Radioantenne und entdeckt die beiden Pinguinkinder.

„Ja, was macht ihr denn hier?" — „Wir haben uns im Schneesturm verlaufen und finden nicht mehr nach Hause", erklärt Eiszapfen und schaut den riesigen Bären ängstlich an.
Schneeball ergänzt: „Mutter macht sich gewiß Sorgen um uns." Herr Eisbär sagt brummig: „Kommt mit in mein Haus."

14 *Im Haus von Herrn Eisbär*

Hopp, nimmt er die Zwillinge hoch und trägt sie in sein Haus.
In seinen Armen fühlen sie sich sicher und geborgen. Jeder bekommt eine Tasse warme Milch, und ab geht's ins Federbett.

15 *Ein Funkspruch*

Als nächstes funkt Herr Eisbär eine Botschaft an Herrn Pinguin:
„Hallo, Familie Pinguin! Hier Station Eisbär. Die Zwillinge sind in Sicherheit und kommen erst nach dem Schneesturm heim!"

Januar

16 Ein unbequemes Bett

„Hilfe, mein Bett schaukelt!" ruft Eiszapfen, der noch nie in einer Hängematte geschlafen hat.

„Laß mich mal probieren!" sagt Schneeball. Die Hängematte schaukelt auf und ab, wie ein Schiffchen auf den Wellen. Und Schneeball ist der mutige Kapitän, der gegen den Sturm ankämpft. Plötzlich schnuppert Schneeball. Mhhh, was für ein Duft! Die beiden folgen ihm ... bis in die Küche.

17 Zeit zum Frühstücken

Die Zwillinge trauen ihren Augen nicht. Was für leckere Sachen Herr Eisbär auf den Frühstückstisch gezaubert hat! Man sieht, daß er Süßes mag. Es gibt eine Himbeerrolle, frischen Hefekuchen, Plätzchen und Kakao.

18 Sechsunddreißig Knoten

Nach dem Frühstück machen die Zwillinge eine neue Entdeckung: Herr Eisbär sammelt Seemannsknoten, und das ganze Haus ist voller Seile. Eiszapfen gelingt ein Knoten. Schneeball guckt ihm aufmerksam zu.

19 Seemannsgeschichten

Eiszapfen und Schneeball finden im Haus alles wunderbar. „Herr Eisbär, waren Sie vielleicht Seemann?" fragt Eiszapfen.

„Ja, ich bin viele Jahre lang als Schiffskapitän kreuz und quer über die Meere gesegelt", erklärt er. Ui! Die Pinguinkinder betteln so lange, bis er zu erzählen beginnt: über ferne Länder, Piraten, Schatzinseln und schreckliche Stürme.

Die Zeit vergeht viel zu schnell. „Wenn ich groß bin, werde ich Seemann!" ruft Schneeball begeistert.

20 Ende des Schneesturms

Endlich ist der Schneesturm vorbei, die Sonne scheint wieder. Die Pinguinkinder werden jetzt den Weg nach Hause finden. Sie bekommen noch ein paar Kekse für unterwegs mit.

„Auf Wiedersehen, Kinder!" sagt Herr Eisbär. „Dürfen wir Sie wieder mal besuchen?" fragt Schneeball. „Aber sicher, kommt bald wieder!"

Januar

21 Das Körbchen

Am nächsten Morgen nimmt Mutter Pinguin ihr Körbchen und macht sich auf den Weg zu Herrn Eisbär. Was bringt sie ihm wohl?

Zwei Gläser mit bestem Honig und ein Glas Orangenkonfitüre.

22 Briefträger Walroß

Ein Flugzeug voll Briefe und Päckchen ist angekommen, und der Briefträger von Eisleben hat alle Hände voll zu tun.
„Seht, er steckt etwas in unseren Briefkasten!" ruft Eiszapfen aufgeregt. Was ist es wohl?

Ein Brief mit rot-weiß-grünem Rand.

23 Der Brief

Vater Pinguin holt den Brief, wirft einen Blick auf den Absender und lacht froh. Weißt du, woher der Brief kommt?
Aus Italien, aus der schönen Stadt Venedig.

24 *Die Einladung*

Mario Täuberich, ein guter Freund von Vater Pinguin, hat die ganze Familie nach Venedig eingeladen. Die Koffer werden gepackt, und bald sitzt die ganze Familie im Flugzeug.

25 *Venedig*

„Eine Gondel! Seht eine Gondel!" ruft Eiszapfen, der bei Erdkunde immer gut aufgepaßt hat. „Was ist eine Gondel?" fragt Schneeball.

Es ist ein langes, schmales Boot, das im Stehen auf einer Seite gerudert wird.

26 *Spaghetti*

Wer nach Italien kommt, muß Spaghetti essen! Eiszapfen weiß, wie man sie um die Gabel wickelt. Und Schneeball? Der zieht und wickelt und mampft und verschluckt sich …

Januar

27 Eine Gondelfahrt

„Papa, fahren wir mit der Gondel!" betteln die Pinguinkinder. „Aber ruhig sitzen, sonst kippt das Ding um!" sagt er. Der Gondoliere erklärt die Sehenswürdigkeiten von Venedig und singt ein Lied.

28 So eine Aufregung!

Als Vater Pinguin gerade ein Foto machen möchte, beginnt die Gondel zu schaukeln und neigt sich recht bedenklich zur Seite. Alle halten den Atem an. Natürlich ist Schneeball schuld, wer sonst? Er hat versucht, seine Mütze aus dem Wasser zu fischen!

29 Erinnerungsfotos

Klick! — das wird auf einem Bild festgehalten. Mario Täuberich steht am Ufer und schießt ein Foto nach dem anderen. Zur Erinnerung an seine Freunde aus dem Norden.

30 Ansichtskarten

Ist das ein Gedränge um den Kiosk! Familie Pinguin schreibt viele Ansichtskarten und schickt sie den Freunden aus Eisleben.

„Papa, kaufen wir für Herrn Eisbär eine Gondel!" sagt Schneeball. „Er sammelt doch alles, was mit Seefahrt zu tun hat."

31 Heimkehr

Die Schulferien sind zu Ende. Familie Pinguin besteigt wieder ein Flugzeug. Sie winken ihrem Gastgeber zum Abschied.
„Auf Wiedersehen, Mario!" ruft Vater Pinguin, bevor er im Flugzeug verschwindet.

Februar

Familie Känguruh Hopser

1 Schön wie das Fliegen

Ein kleines rotes Auto bringt die neuen Mieter nach Gartenstadt.

Zuerst steigt Vater Känguruh aus, dann Mutter Känguruh und als letztes der kleine Jo-Jo. „Laßt uns die Ankunft feiern!" sagt Mutter Känguruh. Die drei fassen sich an den Händen und springen mit riesigen Schritten durch die Gegend. Besser gesagt, nur die Eltern. Jo-Jo baumelt zwischen ihnen und hat das Gefühl zu fliegen.

„Höher, Mama!" ruft das kleine Känguruh. „Noch höher, Papa!" Alle drei haben ihren Spaß daran.

2 Die neugierigen Schwestern

Die drei Schwestern Wellensittich sitzen gemütlich auf ihrer Terrasse und sehen dem Treiben der neuen Nachbarn zu. Sie verfolgen neugierig jede ihrer Bewegungen. Und das ist verständlich, denn sie sehen zum ersten Mal Känguruhs.
„Die neuen Nachbarn sind aber seltsam", sagt eine der Schwestern. „Im Haus sind noch keine Möbel, ausgepackt haben sie auch noch nicht ... und was tun sie? Sie springen wie übermütige Schulkinder herum. Was macht sie nur so froh?"
„Mir sind sie sehr sympathisch!" sagt eine andere Schwester.

3 Der Drachen

Die Kiste mit dem Spielzeug von Jo-Jo ist noch nicht da. Aber er weiß sich zu helfen. Er baut sich einen einfachen dreieckigen Drachen. Hui, wie lustig er auf und ab hüpft! Doch auf einmal packt ihn ein Windstoß und ... wickelt ihn um den Schornstein.

4 Vater Känguruh weiß Rat

Vater Känguruh steht oben auf der Leiter und streicht die Fensterläden. Als ihn Jo-Jo um Hilfe bittet, steigt er über die Dachrinne aufs Dach und macht den Drachen ganz vorsichtig los.

5 Mutter Känguruh

„Laß doch den Drachen auf der Wiese steigen!" schlägt Vater Känguruh vor. „Dort kann er nirgends hängenbleiben."
Und was macht Mutter Känguruh inzwischen? Sie sitzt auf der Treppe und näht fleißig.

Gucken wir mal näher hin! Es sind Gardinen. Mutter Känguruh will das Haus verschönern. Sie näht für alle Fenster neue Gardinen.

Februar

6 Im Freien

Da die Möbel noch nicht gekommen sind, schläft Familie Känguruh im Freien.
„Herrlich!" ruft Jo-Jo begeistert. „Wie in den Ferien auf dem Campingplatz!" Er kuschelt sich in seinen Schlafsack.

7 Die Möbel sind da!

Endlich bringt die Speditionsfirma die Möbel und die Kartons mit den übrigen Sachen. Und was macht Jo-Jo, als er den Berg Kartons und Päckchen sieht?

Er spielt Bergsteiger. Flink klettert er hinauf und hinunter. O weh, das ist doch kein Platz zum Spielen!

8 Der erste Schultag

Mutter und Vater Känguruh begleiten Jo-Jo bis zur Schule. „Da finde ich bestimmt viele Freunde", flüstert er beim Abschied. Meinst du, er schafft es?

Ja, schon bald sind er und der kleine Koala dicke Freunde.

9 Mutter Känguruh und der Garten

Im Haus stehen noch unausgepackte Kartons herum, aber Mutter Känguruh beginnt schon mit dem Gärtnern. Sie gräbt um, jätet und pflanzt dann Bäume und Blumen. Das tut sie am liebsten.

10 Eine neue Freundin

Eine der Nachbarinnen arbeitet ebenfalls sehr gern im Garten. Sie bietet sich gleich an, Frau Känguruh zu helfen.

Die Rede ist von Frau Emu. Sie greift sofort nach dem Rechen und beginnt zu arbeiten.

11 Vater Känguruh malt

Inzwischen stellt Vater Känguruh seine Staffelei auf und beginnt zu malen. Ein paar Pinselstriche, und schon ist ein leuchtender Mond entstanden! Mutter Känguruh ist stolz auf ihren Maler!

„Du brauchst ein Atelier (sprich: ateljee) mit großen Fenstern", sagt sie. „Darin könntest du ungestört malen."

„Eine gute Idee!" stimmt Vater Känguruh zu und malt weiter.

Februar

12 Familie Springmaus

Mutter Känguruh nimmt den Plan gleich in Angriff. Sie telefoniert mit Familie Springmaus. Und in Null Komma nichts fahren die Zimmerleute zwei Lastautos mit Brettern, Balken und Handwerkszeug an.

13 Fleißige Handwerker

Die Springmäuse beginnen sofort mit der Arbeit. Sie sind gute Handwerker, und ihr Beruf macht ihnen Spaß.

„Schneide das Brett kürzer! Schlag den Nagel gerade ein! Den Balken aufsetzen, hau ruck!" ruft der Meister. Er achtet darauf, daß auch alles richtig gemacht wird.

14 Das Atelier ist fertig

„Wann wird das Häuschen fertig?" fragt Jo-Jo. „Wenn sie weiter so fleißig arbeiten, noch heute abend", meint die Mutter. Und sie hat recht.

15 Laßt uns zählen!

"Hilf mir, Papas Malsachen ins Atelier zu bringen!"
Da steht nun alles: die Staffelei, die Leinwand,
Malblöcke, und ... Ja, wie viele Buntstifte und
Pinsel sind das denn?
*Es sind vier Töpfe mit Buntstiften und drei Töpfe
mit Pinseln.*

16 Die Überraschung!

Stell dir vor, was für ein Gesicht Vater Känguruh macht, als er am Morgen das Atelier entdeckt!

"Unglaublich!" ruft er ein ums andere Mal aus. "So eine Überraschung!"

17 Heimatkunde

Lehrer Wombat sagt zu seinen Schülern: "Nehmt euer Pausenbrot mit, wir gehen in den Wald. Heute wollen wir draußen lernen."

Februar

18 Hoher Besuch

Bürgermeister Schnabeltier kommt, um die neuen Bewohner von Gartenstadt zu begrüßen.

„Wie ich höre, haben Sie Ihre Nachbarn schon kennengelernt", sagt er nach der Begrüßung. „Künstler sind uns immer willkommen. Ich hoffe, Sie werden sich hier wohlfühlen."

19 Die Schwestern

Die drei Schwestern Wellensittich klopfen bei den neuen Nachbarn an. Sie bringen Einladungen für den Liederabend, den die Schwestern Leierschwanz geben. Mutter und Vater Känguruh gehen gern mit. „Es war sehr schön!" sagen alle.

20 Auf Besuch

Frau Emu hat einen Kuchen gebacken und Familie Känguruh eingeladen.

Als Jo-Jo den Kuchen sieht, ruft er glücklich: „Juppi, Kuchen mit Kiwis! Den esse ich am liebsten. Wie haben Sie das erraten, Frau Emu?"

21 Familie Schaf

Bei Känguruhs ist heute Besuch angesagt: Familie Schaf kommt mit ihren Jüngsten. Oje, oje, die sehen ja alle wie aus dem Ei gepellt aus! Hände, Haare und Ohren sind frisch gewaschen, die Kleider frisch gebügelt und ohne Flecken.

„Ob die wohl nicht spielen wollen?" denkt Jo-Jo und mustert sie von der Seite.

22 Mhh, das schmeckt!

„Wir haben einen Wolfshunger!" rufen die Lämmchen und stürzen sich aufs Essen.

Danach sehen sie nicht mehr wie aus dem Ei gepellt aus, aber alle sind satt und zufrieden.

23 Die Erwachsenen

Inzwischen werden die Großen durchs Haus und dann ins Atelier geführt. „Die Bilder finde ich sehr schön!" lobt Herr Schaf.
„Ich auch", sagt Mutter Känguruh stolz.

Februar

24 Na, so etwas!

Die Schwestern Wellensittich sind ganz aufgeregt.

„Ich wiederhole: So ist es! Die Känguruhs wollen wieder wegziehen!" sagt die älteste Schwester und schenkt Tee ein.
„Das ist ja unglaublich!" widerspricht die mittlere.
„Sie sind doch erst vor kurzem hergezogen!"
„So sind Künstler nun mal ...", sagt die jüngste Schwester.

25 Seltsame Stühle

Der kleine Koala ist zum letzten Mal bei seinem Freund Jo-Jo. Überall stehen Kartons herum, alles ist eingepackt. Auch die Stühle.

„Seltsam!" ruft der kleine Koala. „Auf solchen Stühlen habe ich noch nie gesessen!"

26 Das Abschiedsgeschenk

Der Koalajunge hilft Jo-Jo, das Spielzeug einzupacken. Plötzlich sagt das kleine Känguruh: „Du bist mein Freund, und ich will dir etwas zum Abschied schenken. Such dir ein Spielzeug aus!"
Der Koala wählt das rote Auto und sagt: „Versprich mir, daß du mir schreibst und mich besuchen kommst!" — „Abgemacht!"

27 Auf Wiedersehen, Freunde!

Familie Känguruh steigt ins vollbepackte rote Auto. „Auf Wiedersehen!" rufen sie und winken heftig. Alle Freunde aus Gartenstadt sind traurig. Einige winken, andere wischen sich eine Träne weg.

„Auf Wiedersehen! Kommt mal wieder vorbei!" rufen sie.

28 Das neue Haus

Die Känguruhs fahren lange kreuz und quer durch Australien und halten Ausschau nach einem neuen Haus. Endlich haben sie das richtige entdeckt: Höhlen-Wohnungen mitten in einer herrlichen Landschaft.
Mutter Känguruh näht wieder Vorhänge, Vater Känguruh malt, und Jo-Jo spielt Bergsteigen.
Wie lange werden die Känguruhs wohl hier bleiben? Schwer zu sagen, sie ziehen gern um. Wer weiß, vielleicht triffst du sie eines Tages in eurem Garten an.

März

Die sympathische Familie Waschbär

1 Festlich gekleidet

Es ist Sonntag mittag, und Familie Waschbär ist auf dem Weg zur Großmutter. Alle sind hübsch und adrett gekleidet und gehen im Gänsemarsch auf dem Bürgersteig. An der Spitze schreitet Vater Waschbär mit Hut und Stock, gefolgt von Mutter Waschbär und den beiden Kindern: Modepuppe und Lausbub.

2 Neugierige Blicke

Familie Waschbär weiß nicht, daß Frau Rosi Stinktier sie beobachtet. Die neugierige Nachbarin steht hinter dem Vorhang versteckt und späht hinaus. Sie sagt halblaut: „Ich muß nicht erst auf die Uhr sehen, um zu wissen, daß es Viertel vor zwölf ist. Pünktlich um diese Zeit gehen Waschbärs zu Mittag essen. Und wie sich alle herausgeputzt haben! Sieh dir nur die Tochter an! Jedesmal ein hübscher Hut und diesmal auch ein schöner Spitzenkragen. Ich frage mich nur, wie sie es schaffen, immer wie aus dem Ei gepellt auszusehen. Wieviel Zeit sie wohl zum Waschen, Anziehen und Kämmen brauchen?"

3 Bunte Federbetten

Jeden Morgen werden im Haus von Familie Waschbär die Federbetten zum Lüften ins Fenster gelegt. Mutter Waschbär schüttelt sie einzeln auf, damit sie weich bleiben. Sehen die drei bunten Federbetten nicht wie große Topfblumen aus, über die der Wind streicht?

5 Ein hübsches Haus

Familie Waschbär hält das Haus immer sauber und in Ordnung. Während die Federbetten an der frischen Luft sind, wollen wir uns darin ein wenig umsehen. Im Obergeschoß sind die Schlafzimmer. Das Elternschlafzimmer und das von Modepuppe gehen zur Straße. Nur Lausbubs Zimmer liegt an der Rückseite des Hauses. Alle sind frisch gelüftet und schön aufgeräumt.
Im Erdgeschoß liegen Wohnküche, Wohnzimmer, Badezimmer und der Laden. Von der Straße aus steigt man ein paar Treppen hoch und steht auf der einladenden Veranda mit vier Säulen und Vordach. Von hier geht's in die kleine Gemischtwarenhandlung, wo man alles kaufen kann: Getränke, Nahrungsmittel, Kleider, Süßigkeiten Gartengeräte und vieles mehr.

4 Spiel auf der Treppe

Die kleine Modepuppe spielt am liebsten auf der Treppe, die an der linken Hausseite vom Obergeschoß hinunterführt. Meist spielt sie Mutter. Dann badet und schrubbt sie ihre Puppenkinder und wäscht die Kleidchen in einer Waschwanne, so wie sie es Mutter Waschbär abgeguckt hat.

März

6 An der Kasse

Mutter Waschbär steht täglich hinter dem Ladentisch an der Kasse. Sie gibt die Preise ein und zählt alles zusammen.
„Sie hat noch nie einen Fehler gemacht", sagen alle aus dem Dorf bewundernd. Darum hat sie den Spitznamen „Zwei-und-zwei-macht-vier".

7 Der stolze Ladenbesitzer

Vater Waschbär ist auf seinen kleinen Laden stolz. Er wiederholt gern: „Hier finden Sie alles, was Sie brauchen. Warum sollten Sie bis in die nächste Stadt fahren?"

Wenn neue Ware eintrifft, stellt er sie auf der Veranda aus.

Was ist es diesmal? Salat, Tomaten und junge Zwiebeln.

8 Jeder Wunsch wird erfüllt

Ed Eichhörnchen will eine Dusche bauen. Weil etwas fehlt, eilt er — eins, zwei, drei — in die Gemischtwarenhandlung. Unterwegs denkt er: „Nein, so ein Stück finde ich dort bestimmt nicht!" Aber Ed täuscht sich. Vater Waschbär steigt sofort die Leiter hoch und reicht ihm den gewünschten Brausekopf. „Da staunst du, was?" lacht Vater Waschbär. „Ich sag doch immer, hier findest du eben alles!"

9 Das Lederband

Hans Hase stürmt in den Laden. „Schnell, Herr Waschbär, das Spiel geht gleich weiter!" ruft er in der Tür. „Ich brauche ein Lederband für den Griff meines Tennisschlägers!" Und schon ist er wieder draußen.

10 Konfitüre

Frau Katze ißt Konfitüre für ihr Leben gern. Besonders die aus Kirschen, Erdbeeren, Aprikosen und Himbeeren. Stell dir vor, wie enttäuscht sie wäre, wenn Herr Waschbär keine solche Konfitüre im Laden hätte! „Und wie hübsch die Gläser aussehen!" ruft sie froh.

März

11 Die Hausfrauen

Seit dem frühen Morgen hat sich vor dem Laden eine lange Warteschlange gebildet. Es sind Hausfrauen, die mit Körben, Tüten und Taschen zum Einkaufen gekommen sind.
Und jede verläßt den Laden zufrieden, weil man hier einfach alles findet.

12 Nachmittags-Kunden

Kurz nach Schulschluß bildet sich vor dem Laden wieder eine Schlange. Aber diesmal geht es nicht so ordentlich und ruhig zu. Es sind Schulkinder, die ihre kleinen Einkäufe machen wollen: Stifte, Hefte, Radiergummis, Murmeln und viel Süßigkeiten. Aber einige kommen nur, um sich die neuesten Spielsachen anzusehen oder um Freunde zu begleiten. Und schließlich gehen auch die kleinen Kunden zufrieden aus dem Laden.

13 Oma Gans

Ja, wer kommt denn jetzt zu Vater Waschbär in den Laden?
Es ist Oma Gans. „Ich suche ein Harlekin-Kostüm für meinen Enkel", sagt sie. „Er möchte zum Kinderfasching und hat nichts anzuziehen."
„Bis morgen haben Sie, was Sie wünschen!" sagt Vater Waschbär.

14 Nichts ist unmöglich!

„Ein Harlekin-Kostüm? Ja, woher sollen wir das nehmen?" staunt Mutter Waschbär.
„Laß das meine Sache sein!" beruhigt sie Vater Waschbär und setzt sich ans Steuer seines Kleinlasters.

15 Bravo!

Am nächsten Tag ist Vater Waschbär zurück. Er kommt nicht mit leeren Händen, sondern bringt ein reizendes Kostüm mit. Stell dir die Freude von Oma Gans vor!

„Bravo!" ruft sie begeistert aus. „Jetzt kann mein Enkel zum Kinderfasching gehen."

März

16 Der Frühling ist da!

Rosi Stinktier ist glücklich. Die ersten warmen Sonnenstrahlen haben unter ihrem Fenster die Primeln erblühen lassen. Wie schön sie sind! Rosi liebkost jede einzelne und riecht daran.

17 Osterglocken ...

Im Garten haben die Kükenkinder die ersten Blumen entdeckt. Es sind herrliche gelbe Osterglocken. „Sehen sie nicht wie Glocken aus?" ruft eines. „Laßt uns daran bimmeln. Dann wissen bald alle, daß der Frühling kommt." Sie bilden einen Kreis und tanzen um die Blumen einen Reigen.

18 ... und Forsythien

Hans Hase entdeckt die Ankunft des Frühlings, als sein Tennisball im blühenden Forsythienstrauch hängenbleibt.
„Wie soll ich ihn wiederfinden?" ruft er. „Die Blüten sind genauso gelb wie mein Ball!"

19 Laßt uns malen!

Die Lehrerin der kleinen Dorfschule hat eine schöne Vase mit Frühlingsblumen in die Klasse gestellt.
„Wie heißen diese Blumen?" fragt sie. „Hyazinthen und Tulpen!" rufen die Schüler.
„Richtig, und diese wollen wir heute malen!"
Die Lehrerin verteilt Zeichenblätter, Pinsel und Wasserfarben. Bald sehen die Tische und Schürzen der kleinen Maler genauso bunt aus wie der Frühlingsstrauß. Lausbub Waschbär strengt sich sehr an. Er will seiner Mama ein schönes Bild schenken.

20 Frühjahrsputz ist nötig

Die Sonne scheint in den Laden von Familie Waschbär und leuchtet in jede Ecke. „Iii!" ruft Vater Waschbär plötzlich. „Spinnenweben!" — „Und jede Menge Staub!" fügt Mutter Waschbär hinzu.
„Wir müssen gründlich aufräumen und endlich auch das Haus renovieren."

März

21 Der Zettel

Tina Elster geht früh am Morgen zum Einkaufen. Stell dir ihre Überraschung vor, als sie die Ladentür verschlossen findet! Der Schnabel bleibt ihr vor Staunen offen stehen. Dann entdeckt sie den Zettel neben der Tür und liest:

> Wegen Renovierungsarbeiten
> bis auf weiteres geschlossen.

„Wie lange dauert dieses ‚bis auf weiteres'?" fragt sich Tina Elster. „Und wo werden wir inzwischen einkaufen?" Aufgeregt eilt sie fort.

22 Die Neuigkeit

Tina Elster klopft zuerst bei ihren Freundinnen an. „Stell dir vor, was ich heute morgen gelesen habe ..." beginnt sie jedesmal. Die Hausfrauen sind entsetzt.

Hulda Huhn ruft empört: „Die Waschbärs können doch nicht einfach einen Zettel hinhängen und den Laden schließen!"

23 Die Hausfrauen sind verärgert

Die erste Empörung ist verflogen. Jetzt beraten die Frauen, was zu tun sei. Schließlich ziehen sie mit Einkaufskörben und einem Plakat vor den Laden und rufen im Chor: „Auf-ma-chen! Auf-ma-chen!"

24 Frau Waschbärs Gründe

Frau Waschbär erscheint erschrocken auf der Veranda. Man sieht es ihr an, daß sie mitten in der Arbeit steckt. Sie sagt: „Liebe Leute! Der Frühling ist da! Die Sonne scheint in jeden Winkel und ruft uns zu: ‚Aufräumen! Frühjahrsputz machen!' Was bleibt uns da anderes übrig?" Die Frauen nicken verständnisvoll.

25 Herrn Waschbärs Gründe

Herr Waschbär erklärt: „Der Winter hat auch an unserem Haus Spuren hinterlassen. Einiges ist zu reparieren, das Holz zu streichen, die Wände zu malen. Bis das getan ist, muß der Laden leider geschlossen bleiben."

März

26, 27 Alle an die Arbeit!

Die Hausfrauen sehen sich an. Ja, die Gründe leuchten ihnen ein. Aber wo sollen sie inzwischen einkaufen? Die kleine Frau Maus hat eine Idee und ruft: „Das ganze Dorf wird bei der Arbeit helfen! Dann können Sie den Laden bald wieder öffnen!" Die Hausfrauen packen gleich mit an.

28 Die Maurer kommen

Familie Eichhörnchen ist sofort bereit zu helfen. Die sieben Maurer schleppen die lange Leiter und ihr Handwerkszeug herbei und beginnen sofort ihre Arbeit. Zuerst wird der Putz ausgebessert, dann werden die Mauern gestrichen. Diesmal mit rosa Farbe.

29 Die Maler bei der Arbeit

Die fünf Brüder Ente sind Malermeister. Sie kommen mit Farbeimern und Pinseln an.
„Was sagt ihr zu Grün?" ruft einer. Bald erkennst du das Haus von Familie Waschbär nicht wieder.

30 Noch mehr Freiwillige

Fünf weitere freiwillige Helfer sind auf dem Weg zum Laden. Nanu, das sind ja Schüler! Was haben sie denn vor? Wohin marschieren sie mit den Besen? Wollen sie etwa zum Schülerfasching? Oder spielen sie Theater? Weit gefehlt!
Auch die Schüler wünschen, daß der Laden bald wieder öffnet. Sie kommen als Putzkolonne und wollen gründlich saubermachen. Bis in den hintersten Ladenwinkel.

31 Kaum wiederzuerkennen

Das Haus hat ein neues Gesicht bekommen, und das ganze Dorf ist auf die geleistete Arbeit stolz. „Wir danken allen, die geholfen haben", sagt Herr Waschbär. „Der Laden ist wieder geöffnet."

April

Familie Federschön liebt Musik

1 Sie kommen!

Die Tür des Aufzugs geht auf, und ... wer steigt aus? Familie Federschön. Sie kommt vom Nachmittagsspaziergang zurück. Voran geht Mutter Gackel mit der kleinen Tschiepi im Kinderwagen. Dann folgt Vater Gockel mit einem Stangenweißbrot. Und wer stolpert hinter ihnen her? Der kleine Kikiri, der wie immer ein paar Bücher mit sich herumschleppt.

2 Frau Eule Eulalia

Aus der Nachbarwohnung späht jemand durch den Türspalt. Es ist Frau Eule Eulalia, die ewig Neugierige. Sie spioniert mal wieder und findet bestimmt einen Grund, sich bei Frau Maus, der Hausmeisterin, zu beschweren. „Diese Familie Feder..."
„Federschön", verbessert Frau Maus freundlich. „Also, diese Familie Federschön ist unmöglich. Sie hat die Wohnung voller Bilder, der Balkon ist mit Blumen überladen, und laut ist sie auch noch! Laufend hören oder machen sie Musik."
Die Hausmeisterin findet Familie Federschön lebhaft, aber sehr nett.

3 Die Nachbarn von oben

Im zweiten Stock wohnen Herr Puter und Frau Pute. Sie mögen die Federschöns sehr, eben weil sie Leben ins Haus bringen.
„Wenn nur alle Hausbewohner so nett wären wie sie", sagt Frau Pute und zeigt dabei vielsagend auf Frau Eule, die wieder mal zu Federschöns hinüberspäht.

4 Herrliche Blumen!

Frau Gackels Hobby sind Blumen. Ihren Balkon hat sie zu einem blühenden Garten gemacht. Besonders schön ist der Rosenstock, der sich mit den vielen duftenden Rosen bis zum oberen Stock rankt. Die Geranien aber erfreuen mit ihrer Blütenpracht auch die unteren Bewohner.

5 Der Wasserfall

Frau Reiher aus dem Erdgeschoß liebt die Blumen ebenfalls und hat durchaus nichts gegen die Blumen von oben. Wenn Frau Gackel aber mit dem Gießen übertreibt und ein Wasserschwall herabschießt, dann reißt Frau Reiher die Geduld. Sie ruft hinauf: „Frau Gackel, der Balkon ist für eine Landschaft mit Wasserfall zu klein!"

April

6 Die Arbeit von Herrn Gockel

Was macht denn Herr Gockel oben auf der Leiter vor den vielen Büchern? Und warum sieht ihn Igel Stachel so an? Die Fragen sind einfach zu beantworten: Herr Gockel arbeitet, und Stachel guckt von ihm einiges ab.

Weil Herr Gockel gern liest und Bücher liebt, ist er Bibliothekar in einer Bücherei. Und Igel Stachel ist sein fleißiger junger Mitarbeiter.

7 Bravo, Mama!

Frau Gackel liebt nicht nur Blumen, sie kocht und bäckt auch gern. Sieht der Apfelkuchen nicht lecker aus? Als Kikiri ihn entdeckt, ruft er: „Bravo, Mama! Ich will dir auch eine Freude machen! Wähl dir eine Geschichte aus, und ich lese sie dir vor."

8 Die Leseratte

Als Kikiri klein war, bettelte er immer: „Bitte, lies mir etwas vor!" Inzwischen kann er selbst lesen, ja, er ist eine richtige Leseratte geworden.

9 Tschiepi und ihr Spielzeug

Tschiepi ist noch viel zu klein, um in die Schule zu gehen. Trotzdem lernt auch sie täglich etwas Neues. Sie steht nicht mehr ganz so wacklig auf ihren Beinchen, und sie macht schon allein ein paar Schritte. Dabei geht sie ganz schnell los, hält die Arme weit ausgebreitet und watschelt im Zickzack durchs Zimmer. Dann setzt sie sich und spielt mit den Dingen, die gerade herumliegen. Weißt du, welches ihr liebstes Spielzeug ist?
Der bunte Kreisel, der sich schön dreht und dazu Musik macht.

10 Kommt zu Tisch!

Wenn Herr Gockel aus der Bücherei nach Hause kommt, versammelt sich die ganze Familie zum Abendessen. Mutter Gackel läßt sich jedesmal etwas einfallen, damit der Tisch schön gedeckt ist. Kikiri hilft ihr oft dabei. Sein Schwesterchen kräht dazwischen: „Schippi auch helfen! Auch helfen!" Sie darf die Löffel halten und guckt ganz stolz um sich.
Bei Tisch erzählt jeder, was er tagsüber gemacht hat. Kikiri berichtet über die Schule, die Freunde, seine Bücher. Und Tschiepi, die erzählt auch etwas, aber in ihrer Sprache.

April

11 Am Klavier

Familie Federschön liebt die Musik. Jeden Sonntag vormittag wird groß musiziert. Mutter Gackel setzt sich ans Klavier und spielt ihre Lieblingsstücke. Meist singt sie auch laut und begeistert dazu. So hört sie gar nicht, daß Frau Eule Eulalia wie wild mit dem Besenstiel an die Wand klopft.

Nur Tschiepi steht etwas erschrocken da und starrt die Wand an. Wenn es ihr zu dumm wird, watschelt sie zu Papa Gockel.

12 Die Ziehharmonika

Der hat sich in die Küche zurückgezogen und spielt auf seiner Ziehharmonika. Meistens ist es Tanzmusik.
Die kleine Tschiepi stellt sich neben seinen Stuhl und beginnt zu tanzen. Zuerst wippt sie nur, dann versucht sie, ein Beinchen zu heben, wie sie das bei den größeren Kindern gesehen hat ... Bums, sitzt sie auf dem Po.
Die Musik ist bis in die Wohnung von Frau Pute zu hören. Weißt du, was diese tut? Sie schiebt die Möbel beiseite und tanzt mit ihrem Mann.

13 Gitarrenmusik

Auch Kikiri ist musikalisch. Er setzt sich mit seiner Gitarre auf den Balkon und singt für Regina Reiher ein Lied. Ob sie es wohl hört?

*Vier Noten rauf und runter,
so spiel' und sing' ich munter
und hoffe, daß du's hörst,
und hoffe, daß du's hörst.*

14 Im Bad

Weißt du, wann die kleine Tschiepi am liebsten singt? Beim Baden!
Wenn sie mitten zwischen Schifflein, Enten, Bällen und Fischlein sitzt, dann singt sie:
    *Schippi, schippi, schipp,
    ich habe alle lieb!*

15 Ein Liederabend

Und was macht Herr Gockel, wenn er keine Lust mehr hat, auf seiner Ziehharmonika zu spielen? Dann legt er Platten mit Liedern auf. Er setzt sich in den Sessel und hört sie sich so oft an, bis er mitsingen kann. Schwierig findet er nur die tiefen Töne.

April

16 Sabinchen Kaninchen

Wenn die Eltern Federschön mal in Ruhe gute Musik hören wollen, gehen sie ins Musiktheater. Vorher rufen sie die Studentin Sabinchen Kaninchen, damit sie auf die Kinder aufpaßt. Kikiri braucht keinen Babysitter mehr, aber Tschiepi ist noch so klein. Sabinchen bringt sich Hefte, Bücher und Bleistifte zum Lernen mit. Sie bleibt bei den Kindern, bis die Eltern zurückkommen.

17 Kikiris Vorschlag

Als die Eltern wieder in die Oper gehen wollen, hat Kikiri eine Idee. „Papa, warum soll Sabinchen kommen? Ich kann auch auf Tschiepi aufpassen!"

Papa Gockel bespricht den Vorschlag mit der Mutter. „Einverstanden", sagt er dann.

18 Ein Brief von Tante Tukan

Familie Federschön hat einen Brief bekommen. Schon an der Briefmarke sieht man, daß er von weither kommt. Und tatsächlich ist er von Tante Tukan, die wieder einmal irgendwo mit einer Expedition unterwegs ist. Sie bittet Herrn Gockel, für die nächste Opernvorstellung drei Karten zu besorgen.

19 Der Besuch ist da

Zrrr! Zrrr! Zrrr! Jemand läutet Sturm. „Das kann nur Tante Tukan sein!" sagt Mutter Gackel. Schon stürmt sie herein und umarmt alle.
„Ich habe mich doch nicht verspätet?" fragt sie noch atemlos.

Diesmal wird Kikiri Babysitter sein. Vor dem Weggehen wiederholt Mama Gackel noch einmal, worauf er achten soll. „Macht euch keine Sorgen. Alles ist o.k.!" sagt Kikiri und kommt sich wunder wie groß vor.

20 Opernabend

Familie Federschön und Tante Tukan betreten das Opernhaus. Der Saal erstrahlt im Lichterglanz. Die roten Samtsessel sehen edel aus, und die Zuschauer sind sehr elegant gekleidet. Alles ist feierlich. „Wie aufregend!" ruft Tante Tukan.

„Ruhe! Die Aufführung beginnt!" zischt Herr Gockel.

Die Musik setzt ein. Die Sänger haben herrliche Stimmen, und die Zuhörer lauschen verzaubert. Nur Frau Gackel macht sich Sorgen: „Hoffentlich ist daheim alles in Ordnung."

April

21 Kikiri bei der Arbeit

Nachdem die Eltern und Tante Tukan weggegangen sind, dreht Kikiri wie abgemacht den Schlüssel zweimal im Schloß herum. Aber dann läßt er ihn einfach stecken, anstatt ihn abzuziehen und an den Haken zu hängen.
Dabei hatte ihm die Mutter doch zweimal eingeschärft: „Kikiri, merk dir: Absperren, den Schlüssel aus dem Schloß ziehen und aufhängen!"
Kikiri ist ganz sicher, alles richtig gemacht zu haben, und bereitet sich vor, schlafen zu gehen.

22 Gute Nacht!

Diese Nacht wird Kikiri im Zimmer von Tschiepi schlafen. Sollte das Schwesterchen aufwachen und weinen, ist er gleich in ihrer Nähe. Darum hat Papa Gockel ein Campingbett für ihn aufgestellt.
Kikiri sieht nach seinem Schwesterchen. „Brav, Tschiepi, schön weiterschlafen!" sagt er und schlüpft ins Bett. Er liest noch ein paar Seiten, aber schon bald schläft er tief und fest.

23 Der Schlüssel steckt!

Familie Federschön hat Tante Tukan zum Hotel begleitet und kehrt nun nach Hause zurück. Herr Gockel steckt den Schlüssel ins Schloß, aber ... er läßt sich nicht umdrehen. Herr Gockel probiert einmal, er probiert noch einmal ... nein, er kann die Wohnungstür nicht aufsperren!

24 Ruhe!

Was bleibt Herrn Gockel anderes übrig, als zu läuten? Er läutet einmal und wartet. Nichts rührt sich. Er läutet länger.
Da reißt auch schon Frau Eule Eulalia die Tür auf und ruft: „Ruhe! Ich will schlafen!"

25 Frau Putes Vorschlag

Auch Frau Pute ist vom Läuten aufgewacht. Sie schlüpft in ihren Morgenrock und steigt einen Stock tiefer.
„Kommt zu uns und probiert es mit dem Telefon", schlägt sie Familie Federschön vor. „Vom schrillen Ton wird Kikiri wahrscheinlich aufwachen."

April

26 Die Leiter

Aber auch das Telefon nützt wenig. Herr Gockel gibt sich noch nicht geschlagen. Im Eilschritt geht er zur Wohnung der Hausmeisterin und läutet sie aus dem Bett. Herr Gockel möchte die lange Leiter haben. Es ist zwei Uhr morgens, und Frau Maus versteht nicht, was hier vor sich geht. Endlich rückt sie die Leiter heraus, und Herr Gockel rennt damit ins Freie. Was er wohl damit vorhat?
Er lehnt sie ans Haus und steigt bis zu seinem Balkon im ersten Stock.

27 Kikiri schläft wie ein Murmeltier

Dann steigt Herr Gockel über das Geländer auf den Balkon. Bravo, das ist eine Leistung! Er klopft an den Fensterladen, um Kikiri zu wecken. Aber den würde anscheinend nicht einmal ein Kanonenschuß wecken, so tief schläft er. Wer aufwacht, das ist Tschiepi. Sie erschrickt vom lauten Klopfen und beginnt laut zu weinen. Papa Gockel ruft: „Warte, Tschiepi, ich komme!"

Und mit dem Schraubenschlüssel, den ihm Herr Puter zugesteckt hat, gelingt es ihm, den Fensterladen mit Gewalt zu öffnen. Dann schlägt er die Scheibe ein.

28 Tschiepi ist gerettet

Eins, zwei, drei ist er im Zimmer. Tschiepi steht im Bettchen und weint und schluchzt und zittert vor Angst. Papa Gockel nimmt sie in die Arme und drückt sie an sich.

Besorgt sieht der Vater nach Kikiri. Was ist denn mit ihm los? Er schläft immer noch tief und fest, das ist alles. „Gut, daß es weiter nichts ist!" Papa Gockel atmet erleichtert auf.

29 Am Tag darauf

Am nächsten Morgen wacht Kikiri auf. Freudestrahlend geht er ins Schlafzimmer der Eltern.

„Nun, bin ich kein guter Babysitter?" ruft er. „Tschiepi war die ganze Nacht brav, und ich habe auch gut geschlafen."

30 Das ist geschwindelt!

Papa Gockel erzählt Kikiri alles, was in der Nacht vorgefallen war: der Schlüssel im Schloß, Klingeln, Telefonieren, die Leiter von Frau Maus. Kikiri hört mit großen Augen zu. „Papa, du schwindelst!" ruft er endlich. Aber dann sieht er die zerbrochene Scheibe ...

„Das nächste Mal rufen wir doch lieber Sabinchen Kaninchen", sagt Mutter Gackel. „Und jetzt gibt's Frühstück, ihr Helden!"

Mai

Pongo, der kleine Gärtner

1 Familie Graurüssel

Hier siehst du Familie Graurüssel bei der Arbeit. Herr Otto Graurüssel ist in der ganzen Gegend als guter Gärtner bekannt. Seine Frau Petunie arbeitet ebenfalls im Garten, sie züchtet Blumen. Und der kleine Pongo, der will einmal ein großer Gärtner werden wie sein Papa. Graurüssels sind überaus fleißige Elefanten.

„Reich mir die Gießkanne, Pongo! Zieh den Gartenschlauch näher!" sagt Papa Graurüssel zu seinem Sohn. „Wer einmal ein großer Gärtner werden will, muß alles machen können."

2 Pepe Papagei

Hoch oben in der Kokospalme, die sich an die Hütte der Elefanten lehnt, wohnt Pepe, ein schwatzhafter Papagei. Von seinem Fenster aus kann er wunderbar beobachten, was Familie Graurüssel den ganzen Tag tut. Und dann ruft er sogleich seine Freunde in der Stadt an und berichtet ihnen, was er gesehen hat.

4 Die Kokospalme

Herr Graurüssel liebt die schlanke Kokospalme an seiner Hütte. Er hat sie vor vielen Jahren selbst gepflanzt. Inzwischen ist sie hoch über die Hütte gewachsen und spendet Schatten. Und außerdem trägt die Palme jedes Jahr viele Früchte. Vor einiger Zeit hat Familie Graurüssel die Wohnung in der Palme an Pepe Papagei vermietet.

5 Glasglocken

Vom Fenster der Hütte aus kann Herr Graurüssel seinen Garten überblicken.
Was macht sich denn Pongo bei den Frühbeeten zu schaffen? Der kleine Elefant geht von einer Glasglocke zur anderen und sieht sich die Pflanzen und Blumen an, die darunter wachsen.

3 Eine schöne Lehmhütte

Hier siehst du die Hütte, in der Familie Graurüssel wohnt. Sie steht am Rande des dichten Tropenwaldes, mitten in einem großen Garten. Herr Graurüssel hat sie aus gestampftem Lehm gebaut und mit Stroh gedeckt. Sieht sie nicht schön aus?

Mai

6 Willkommen!

Über dem Eingangstor zum Garten von Familie Graurüssel ist ein großes farbiges Schild. Wer die zwei Gießkannen sieht, weiß gleich, daß hier keine Bäckerei oder Schneiderei ist, sondern eine Gärtnerei.

7 Der Blumengarten

Am Ende der gepflegten Allee ist der Blumengarten von Frau Petunie. Hier hängt ein schönes Schild mit Orchideen und Lotosblüten. Das sind nämlich ihre Lieblingsblumen.

8 Nüsse und Samen

Auch der kleine Pongo möchte sein eigenes Schild haben. Er malt mit Buntstiften Nüsse und verschiedene Samen auf ein Blatt Papier. Es gelingt ihm, sie ganz naturgetreu wiederzugeben. Zum Schluß zieht er ein grünes Band durch, bindet eine Schleife und hängt die Zeichnung an seine Zimmertür. Das hat Pongo prima gemacht!

9 Ein Tag mit Herrn Otto

Begleiten wir mal den Gärtner bei seiner Arbeit! Was tut er als erstes am Morgen? Nachsehen, wie das Wetter ist. Erst danach bestimmt er, was er an diesem Tag im Garten alles machen wird.
Nach dem Frühstück gräbt er ein Loch, setzt ein Apfelbäumchen, drückt die Erde wieder fest an und gießt ausgiebig. Danach setzt er Kohl- und Tomatenpflänzchen in ein Beet.
Herr Otto singt und pfeift bei der Arbeit, denn sie macht ihm Spaß. Er ist gern Gärtner.

„Ich habe noch nie einen so fleißigen Elefanten gesehen", denkt Pepe Papagei hoch oben in der Palme. „Ich rufe jetzt einen Freund an und erzähle ihm, was für ein guter Gärtner Herr Otto ist."

10 Ein unerwarteter Besuch

Nach dem Mittagessen, wenn die Sonne so heiß vom Himmel brennt, daß auch der Strohhut nicht viel nützt, zieht sich Herr Otto in sein Zimmer zurück. Er zeichnet Gartenpläne.
Er weiß, welche Bäume gut nebeneinander wachsen, wohin man Rosen setzen soll, welche Blumen neben der Terrasse schön blühen. Heute bekommt Herr Otto Besuch. Es ist Frau Graziella Gazelle. „Wir haben uns ein neues Haus gebaut", erklärt sie. „Ich brauche Ihre Hilfe, denn ich möchte einen schönen Blumengarten haben."
„Da hätte ich eine Idee", beginnt Herr Otto.

Mai

11 Blumen zum Geburtstag

Herr Otto bespricht mit Frau Gazelle den Gartenplan. Inzwischen bindet Frau Petunie mehrere Blumensträuße, die bestellt wurden.
„Dieser ist für Oma Schildkröte", denkt sie. „Sie wird morgen hundert Jahre alt. Bestimmt wird sie sich über die Primeln und die Vergißmeinnicht freuen." Dann nimmt sie ein Kärtchen und schreibt darauf: „Alles Gute zum Geburtstag!"

12 Noch ein Jubiläum

Herr Nandi Nashorn hat seinen Schülern in der Waldschule 25 Jahre lang Mathematik beigebracht. Auch Pongo Graurüssel gehört zu seinen Schülern. Dieses Jubiläum wird von Eltern und Schülern gefeiert. Der alte Lehrer bekommt einen Strauß mit roten Blumen.

13 Der Brautkranz

Sieht Tina Tiger mit dem Blumenkranz nicht allerliebst aus? Frau Petunie hat ihn aus vielen Blümchen in zarten Farben gebunden. Tina Tiger guckt in den Spiegel und freut sich: „Schön ist der Brautkranz, und er steht mir auch gut. Ich werde mich bei Frau Petunie dafür bedanken."

14 *Eine besondere Sammlung*

Pongos Schulfreunde wissen, daß er Nüsse und Samen sammelt. Dingo schlägt vor: „In der Pause gehen wir in den Schulgarten und sammeln für Pongo alle Samen, die wir finden können." Die anderen sind einverstanden. Du kannst dir sicher vorstellen, wie sich Pongo freut, als sie ihm den Beutel mit Samen schenken.

„Ich werde sie heute nacht bei Mondschein aussäen", verrät er ihnen.

15 *Pongos geheimer Garten*

Zu Hause angekommen, überlegt Pongo: „Es sind doch zu viele Samen, um sie in einer Nacht zu säen. Darum werde ich gleich jetzt einen Teil davon aussäen!"
Und er macht sich nach dem Mittagessen, als Papa Otto seine Pläne zeichnet, an die Arbeit. Sein Garten liegt an einer geheimen Stelle, nahe am Waldrand. Zuerst bohrt Pongo lauter kleine Löcher in den Boden. Dann läßt er in jedes einen Samen fallen, deckt Erde darüber und gießt kräftig.
„Ich werde einen schönen Garten haben, wie der von Papa", sagt er.

Mai

16 Graziella Gazelle

Gärtner Graurüssel beginnt schon bald, den Garten für Frau Gazelle anzulegen. Aber das ist nicht einfach! Mehrere frisch gepflanzte Bäume muß er wieder ausgraben und an eine andere Stelle pflanzen.

17 Das Blumenfest

Zum Blumenfest, das jedes Jahr im Dorf gefeiert wird, hat Frau Petunie einen Wagen geschmückt, der die Form einer Ananas hat. Ist er nicht wunderschön geworden? Halten wir ihr den Daumen, damit sie einen Preis bekommt!

18 Im Vollmond

Pongo hat mal von seiner Oma gehört, daß Pflanzen am besten gedeihen, wenn sie bei Vollmond gesät wurden.
Darum schlüpft Pongo um Mitternacht aus dem Bett und schleicht im Schlafanzug in seinen Garten. In aller Ruhe sät er die restlichen Samen, gießt reichlich und kehrt dann wieder in sein Bett zurück.

19 Richtig düngen

Am nächsten Tag entdeckt Pongo eine grüne Flasche und liest „Dünger".

„Das ist es, was ich brauche!" ruft er und schüttet gleich davon ins Gießwasser.

20 Kleine Probleme

Pongo hat Sorgen. Trotz des Düngers wachsen seine Pflanzen nicht so recht. Zwar sind die ersten Blätter zu sehen, aber die Pflanzen werden anscheinend nicht groß. Jeden Nachmittag mißt Pongo mit seinem Lineal nach und ist enttäuscht.

Mai

21 Flötenmusik

Otto Graurüssel hat in einem ganz alten Buch gelesen, daß Blumen Musik mögen und davon besser wachsen. Für seine Orchideen hat er eine Flöte gekauft. Nacht für Nacht setzt er sich in seinen Garten und spielt im Mondschein schöne Melodien.

22 Pepe regt sich auf

Der Papagei ist nicht nur ein Schwätzer, nein, er mag auch keine Musik. Die erste Nacht hat er die Flötenmusik ertragen, ohne etwas zu sagen. Aber als auch in der folgenden wieder Musik erklingt, geht er im Schlafhemd hinaus und ruft:
„Ruhe, ich will schlafen!"

23 Die Trommel

Pongo gibt seinem Papa recht: Musik tut den Blumen gut. Darum beschließt er, seine Trommel in den Garten zu tragen und den Pflanzen Marschmusik zu spielen. Vielleicht passen sie sich dem Tempo an und wachsen schneller. Also trommelt Pongo jeden Morgen.

25 Das Konzert

Aber damit hat er Pongo nicht überzeugt. Im Gegenteil, Pongo hat ihn überredet mitzutrommeln. Du kannst dir vorstellen, wie es durch den Garten dröhnt, wenn die beiden Freunde mit Eifer ihre Instrumente bearbeiten! Pepe Papagei fährt fast aus seiner Haut, so wütend ist er ...

24 Ein guter Rat

Am Nachmittag lädt Pongo seinen Freund Andi Affe ein. Sie plaudern über dies und das, und Pongo verrät ihm sein Geheimnis.

„Wenn du meine Meinung hören willst", sagt Andi, „so laß die Musik und das Trommeln sein. Ich würde als Pflanze lieber im Boden bleiben, als diesen Lärm zu ertragen."

26 Pepes Klagen

Schon bald danach erscheint Pepe bei Frau Petunie, um sich zu beklagen.

„Das halte ich nicht mehr aus! Am Morgen weckt mich Pongo mit seinem Trommelwirbel. Am Nachmittag holt er sich Verstärkung, und es wird noch lauter. Und in der Nacht spielt Herr Otto auf seiner Flöte. Ich kann nicht mehr! Ich will in Ruhe schlafen!"

Mai

28 Die kahle Insel

Der Gärtner Otto Graurüssel schwebt auch im siebenten Himmel. Das ist ein wunderbarer Auftrag, den er von Hippo Flußpferd erhalten hat! Er soll die kleine kahle Insel, die mitten im Fluß liegt, begrünen und einen Blumengarten anlegen. Denn Herr Hippo liebt die Natur.
Herr Otto sieht sich alles vor Ort an und hat auch schon einen Plan. Er weiß genau, was zu tun ist, um die Insel in einen schönen Garten zu verwandeln.

27 Der erste Preis

Frau Petunie Graurüssel betrachtet das Foto von der Preisverleihung und ist glücklich. Ihr Blumenwagen hat beim Dorffest den ersten Preis erhalten. Als ihr Bürgermeister Mauritius Maus die goldene Medaille überreichte, haben alle Umstehenden geklatscht.

29 Das wird gefeiert!

Es kommt nicht alle Tage vor, daß jemand aus der Familie Graurüssel eine goldene Medaille nach Hause bringt. Also muß das entsprechend gefeiert werden! Mutter Petunie bäckt Himbeerkuchen und packt ihn zusammen mit Obst und Orangensaft in einen Korb ... Bald danach trabt die ganze Familie los, um im Wald Picknick zu machen. „Wir können auch gleich meinen neuen großen Auftrag mitfeiern", sagt Herr Otto.

30 Der große Regen

Ein heftiger Tropenregen setzt ein. In kurzer Zeit ist alles überschwemmt, der ganze Garten der Graurüssels steht unter Wasser, die Pflanzen werden vom Wind hin und her geschüttelt. Pongo macht sich wegen seiner Pflänzchen Sorgen. Doch er findet eine gute Lösung. Weißt du, welche?

In Null Komma nichts rennt er ins Haus und holt einen Regenschirm, um seinen Garten zu schützen.

31 Die Überraschung

Petunie Graurüssel ist sprachlos vor Verwunderung: Nach dem Regen ist über Nacht auf der Terrasse hinter der Hütte eine riesige Pflanze aus dem Boden gewachsen. Wie ist das zu erklären? Die Samen von Pongo sind aufgegangen. Und außerdem haben seine liebevolle Pflege, das Düngen und die Musik auch etwas gebracht. Bravo, Pongo!

Juni

Die Hochzeit von Tuppy

1 Das Familienbild

Auf diesem Bild siehst du Familie Langschwanz. Vater Emanuel und die drei Söhne Flick, Flock und Flack stehen im Hintergrund. Davor sitzen Mutter Mathilda und die drei Töchter Tippy, Toppy und Tuppy.

Das Bild wurde zum Hochzeitsjubiläum der Eltern Maus gemalt und dann in einem goldenen Rahmen in den Salon gehängt. Die alte Adelsfamilie wohnt nämlich auf einem Schloß, und der vollständige Namen lautet: Langschwanz von Maushausen.

2 Ida und Imo Igel

Familie Langschwanz hat keine unmittelbaren Nachbarn, weil das Schloß mitten in einem großen Park liegt. Ihre einzigen Nachbarn sind Ida und Imo Igel. Das Hausmeisterehepaar wohnt in einem kleinen Haus im Schloßpark. Es ist schon viele Jahre im Dienste der Schloßherren.

Und weil sie fleißig und ehrlich sind und auch gern im Garten arbeiten, sind die von Maushausen mit Familie Igel zufrieden.

3 Das Schloß

Trotz einiger gebrochener Dachziegel und mehrerer knarrender Fensterflügel steht das Schloß majestätisch da. Die beiden Türme sind weithin zu sehen und scheinen es zu bewachen.
Das Schloß hat dreißig Zimmer und eine große Halle.

4 Die Laterne

Die vielen Fenster beleben das Schloß. Abends spiegeln sich die letzten Sonnenstrahlen darin. Später dann, wenn die Fenster beleuchtet sind, ähnelt das Schloß einer Riesenlaterne.

5 Der Schloßpark

Das Schloß mit seinen beiden Türmen beherrscht den Hügel, auf dem sich der waldähnliche Schloßpark erstreckt. Die Kieswege laden zum Spaziergang ein.

Juni

6 Der Schloßherr

Nicht jeder von uns wohnt in einem Schloß oder ist adeliger Herkunft. Lerne deshalb mit uns Familie Langschwanz von Maushausen näher kennen. Herr Emanuel liebt die Natur und besonders die Bäume. Jeden Morgen streift er stundenlang durch den Park, um nach dem Rechten zu sehen. Kranke Bäume, Wildschaden oder abgebrochene Äste erkennt er gleich. Herr Emanuel packt meist selbst an oder hilft Imo Igel, den Schaden zu beheben.
Er beobachtet Vögel, Insekten oder Schmetterlinge und weiß viel über die Lebensweise von Pflanzen und Tieren aus seiner Umgebung.

7 Frau Mathilda Langschwanz

Die Schloßherrin und Mutter von sechs Kindern hat die Zügel fest in der Hand. Sie ist warmherzig und verständnisvoll, fleißig und immer guter Laune. Sie sorgt dafür, daß sich alle zu Hause wohlfühlen. Das Haus ist gepflegt und wohnlich.

8 Die Malerin

Tippy, die älteste Tochter, ist verheiratet. Sie bewohnt mit Mann und drei Kindern einen Teil des Schlosses. Sie ist Malerin. Und weil Farben ihr Leben sind, hat sie auch ihre Kinder nach Farben benannt: Violetta, Rosarot und Himmelblau. Sind das nicht seltsame Namen?

9 Der Geheimnisvolle

Der älteste unter den Brüdern ist Flick. Er ist am liebsten allein und spaziert stundenlang durch den weiten Park. Er will nicht gestört werden, wenn er Pläne für die Zukunft entwirft. Auch er ist ein Naturliebhaber.

10 Toppy Langschwanz

Toppy ist quirlig und lebenslustig. Sie lacht gern und heitert auch die anderen auf.
Ihr Hobby sind Blumen. So wird es dich nicht wundern, wenn ihre Kinder Blumennamen tragen: Hortensie, Geranie und Rittersporn.

Juni

11 *Der Hobbybastler*

Flock ist der originellste unter den Brüdern. Er liebt das Holz und hat daraus schon die seltsamsten Dinge hergestellt. Der fleißige Flock besitzt eine kleine Werkstatt und bastelt immer an irgend etwas. Am liebsten repariert er alte Sessel oder Schaukelstühle wie diesen hier.

12 *Der Gärtner*

Sein jüngerer Bruder Flack liest gern und viel. Zum Ausgleich arbeitet er nachmittags im Garten. Es macht ihm Spaß, den Rasenmäher stundenlang über den Rasen zu schieben und dabei vor sich hin zu singen.

13 *Hoch oben im Turm*

Tuppy ist das jüngste Kind der Familie Langschwanz. Sie ist schüchtern und verträumt. Am liebsten hört sie Musik, oder sie musiziert selbst.
Damit Tuppy von ihren Brüdern nicht gehänselt wird, zieht sie sich in die oberste Turmkammer zurück, spielt im Mondschein Gitarre und singt dazu. Es sind meist romantische, gefühlvolle Lieder.

14 Das Familientreffen

Im Winter verbringen die Familien die meiste Zeit in den eigenen Wohnungen im Schloß. Im Sommer aber treffen sich alle draußen im Schloßpark unter der alten Linde.
Hier wird gegessen, Kaffee getrunken, gelesen, geruht oder gespielt.

15 Viel Trubel

Seit Anfang Juni herrscht in der sonst so ruhigen Familie große Geschäftigkeit. Selbst zum Kaffeetrinken trifft man sich nur kurz. Jeder trinkt ihn im Stehen und zieht sich bald danach zurück. Man spricht nicht viel und tut sehr geheimnisvoll.
„Entschuldigt mich, ich habe viel zu tun!" sagt Tippy. „Wir auch!" rufen Flick, Flock und Flack.
„Ich muß zu einem wichtigen Treffen", sagt Toppy.

Juni

16 Tuppy heiratet

Der Grund für diese Geschäftigkeit ist leicht zu erklären. Dandy Knabberzahn, ein Mäuserich mit guten Umgangsformen, hat Tuppy einen Heiratsantrag gemacht. „Willst du mich heiraten?" hat er gefragt und ihr galant die Hand geküßt. Die schüchterne Tuppy hat „ja" gehaucht. Und dann hat Herr Knabberzahn bei den Eltern in aller Form um ihre Hand gebeten. Seitdem laufen im Haus Langschwanz die Vorbereitungen für die Hochzeit auf Hochtouren.

17 Große Vorbereitungen

Mutter Mathilda findet kaum Zeit, sich über das Glück ihrer Tuppy zu freuen. Damit es eine gelungene Feier wird, muß alles rechtzeitig vorbereitet werden. „Schnell an die Arbeit, meine Lieben!" wendet sie sich an die Töchter. „Tuppy soll ein wunderschönes Brautkleid bekommen."
Gemeinsam mit Tippy und Toppy entwirft sie Modelle, sucht einen schönen Seidenstoff aus und näht dann das Kleid.
„Hier ist das Kleid zu lang", sagt Toppy und näht den Saum auf.
„Der Schleier scheint mir zu kurz", sagt Tippy.

Endlich sind sie mit ihrer Arbeit zufrieden.

18, 19 *An die Arbeit, Jungs!*

Flick, Flack und Flock sitzen auch nicht mit den Händen im Schoß herum. Im Haus soll baulich einiges geändert werden. Damit beim Hochzeitsfest für alle Verwandten und Freunde genügend Platz zum Tanzen ist, wird die Schloßhalle vergrößert. „An die Arbeit, Jungs!" sagt Flock.

20 *Flick, Flack und Flock*

Das lassen sich die Brüder nicht zweimal sagen. Bald hallt das Schloß von schweren Hammerschlägen wider. Dann werden die Mauerreste und der Schutt weggeschafft.
„Dalli, dalli!" feuert Flock die Brüder an. „Der Hochzeitstag rückt immer näher."

Juni

22 Die beiden Schreiner

Auch die Männer von Tippy und Toppy arbeiten fleißig mit. Sie sind dabei, in der umgebauten Halle einen neuen Parkettboden zu legen.
Von früh morgens bis spät in die Nacht hinein arbeiten sie mit Hammer, Nägeln, Hobel und Leim.

„Wenn der Fußboden verlegt ist, müssen wir ihn gut bohnern", sagt Tippys Mann.
„Da hast du recht. Ohne spiegelglattes Parkett kann man doch keinen Walzer tanzen!" ergänzt Toppys Mann.

21 Der Terminkalender

Vater Emanuel ist besorgt. „Was tun, wenn die Söhne mit der Umbauarbeit nicht rechtzeitig fertig werden?" Er nimmt seinen Terminkalender zur Hand. Weißt du, was er macht?
Er zählt die Tage bis zu Tuppys Hochzeitsfest.

23 Im Garten

Nachdem Flack den Rasen zum zehnten Mal gemäht hat, stellt er im Garten ein Zelt auf. Ein weißgrün gestreiftes Zelt, in dem die Erfrischungsgetränke stehen werden. Dann schmückt Flack den Tisch mit einer Blumengirlande und stellt rechts und links vom Eingang Blumentöpfe auf.
„Es ist ein schmuckes Zelt geworden", freut er sich.

24 *Tante Mias Gardinen*

Auch Tante Mia Maus, die ältere Schwester von Mutter Mathilde, hilft bei den Vorbereitungen für das Familienfest. Für die Hochzeit ihrer Nichte Tuppy spendet sie ein paar hübsche Gardinen. Flick und Flack wollen ihr behilflich sein. „Laßt nur", wehrt sie ab, „die bringe ich am besten selbst an!"

25 *Der Blumenschmuck*

Aber Tante Mia Maus weiß, was sonst noch zu tun ist, damit es ein gelungenes Fest wird. „Ohne Blumen wird's nicht feierlich!" behauptet sie und bindet zwei Riesensträuße für die Bodenvasen.

Juni

26 Der Platzregen

Endlich ist der große Tag da! Aber — oh Schreck! — dunkle Wolken bedecken den Himmel, und auf einmal beginnt es heftig zu regnen. Es ist ein wahrer Platzregen. Flock hatte die halbe Nacht die Böden aufgewischt und gebohnert, und nun diese Bescherung!

„Flick, Flack, helft mir!" ruft er verzweifelt, als sich im Flur obendrein eine große Wasserlache ausbreitet.
Bald sind alle aus dem Schloß auf den Beinen.

27 Rettet die Zelte!

„So ein Unglück!" jammert Mutter Mathilda. „Daß es gerade heute regnen muß!"
Vater Emanuel überlegt, wie der Schaden begrenzt werden kann. „Kauft Rinnen für die Zelte im Garten", sagt er. „Wir können es unseren Gästen nicht zumuten, daß sie beim Essen naß werden."

28 Die kleinen Hochzeitsgäste

Die Mausekinder drängen sich ungeduldig im kleinen Salon. Sie kichern und stupsen sich. Violetta, Himmelblau, Rosarot, Rittersporn, Hortensie, Geranie und ihre beste Freundin Azalee werden vor dem Brautpaar gehen und Blumen streuen. Sehen sie in ihren Festkleidern nicht niedlich aus?

29 Endlich ein Regenbogen!

Dandy und Tuppy haben sich das Jawort gegeben und sind nun Mann und Frau. Als sie ins Freie treten, spannt sich ein herrlicher Regenbogen über den Himmel. „So bunt und schön soll auch euer Leben sein!" wünscht man dem jungen Paar. Der Hochzeitszug zieht nun ins Schloß, wo die Feier stattfinden soll. Zuerst wird gegessen und getrunken, dann wird bei Musik und Tanz in der großen Schloßhalle gefeiert.

30 Hoch lebe das Brautpaar!

Walzermusik erklingt, und das Brautpaar eröffnet den Tanz. Familie und Gäste stehen im Kreis um die Tanzfläche und sehen zu, wie Tuppy und Dandy über das spiegelglatte Parkett schweben.
„Ein schönes Paar!" flüstert Tante Mia Maus begeistert. „Und wie wunderbar sie tanzen!"
Der Schloßherr ruft: „Hoch lebe das junge Paar!" und alle klatschen Beifall.
Es ist ein sehr gelungenes Fest, an das alle noch lange denken werden.

Juli

Patty Panda und ihr Drachen

1 Im Mondschein

Der Vollmond steht wie ein großer flacher Teller am Himmel und taucht alles in ein silbriges Licht. Familie Panda geht in den Garten hinaus, um die Natur im Mondschein zu erleben. Mutter und Vater Panda sowie die kleine Patty schreiten wie verzaubert über den Rasen. „Es ist heller als bei Tag!" ruft Patty begeistert. „Und alles funkelt: Blumen, Blätter, die Grasspitzen!" staunt Mutter Panda. „Der Mond hat die Welt verzaubert", flüstert Vater Panda und spielt ihm ein Lied vor.

2 Die Mandarinente

Familie Panda hat keine Nachbarn, weil sie im dichten Bambusdschungel wohnt. Am nächsten steht noch das Haus von Familie Mandarinente. Es ist viel kleiner als das der Pandas und liegt an der Kreuzung, wo die fünf Wege ins Dorf „Lustiges Treiben" zusammentreffen.
Herr Mandarinente hat einen kleinen Laden, in dem er selbstgemachte Süßigkeiten verkauft. Von hier aus sieht er Frau Panda jeden Morgen mit Patty in die Schule gehen. Und nach dem Unterricht rechnet er damit, daß sie vorbeikommen, um irgend etwas zum Naschen zu kaufen.

3 Das Stufendach

Die Pandas wohnen in diesem phantasievollen Haus. Es sieht aus wie eine Pagode mit mehreren Stockwerken. Jedes hat ein eigenes Dach mit hochgezogenen Enden.

4 Die Gittertür

Außer den Stufendächern in lebhaften Farben hat das Haus noch eine Besonderheit: einen Innenhof mit runder Gittertür.
Sieht das Haus nicht ungewöhnlich, aber schön aus?

5 Die Terrasse

Im obersten Dach ist eine große Terrasse, auf der viele Azaleen wachsen. Hier stehen drei Bambussessel: ein großer, ein mittlerer und ein kleiner. Du hast sicher schon erraten, wer sich in den kleinen setzt. Patty natürlich. Von hier oben bewundern die Pandas oft die Umgebung, aber besonders den Himmel mit Mond und Sternen.

Juli

6 Papa Panda schreibt

Herr Panda ist Fachmann für Wälder, besonders für den dichten Bambusdschungel. Er schreibt darüber Bücher. Oft setzt sich die kleine Patty neben ihren Papa und übt sich im Schreiben. Die Zeichenschrift ist nämlich gar nicht einfach. Patty will ihrem Papa alles nachmachen.

7 Mama Panda malt

Pattys Mama sitzt unter dem Schirm aus Reisstroh und malt. „Was wird das?" will Patty wissen. „Ich illustriere die Bücher von Papa." Oft sitzt Patty neben ihr und malt ebenfalls. Patty will auch einmal Malerin werden wie ihre Mama.

8 Die Puppenschneiderei

Oft steigt Patty mit ihren Puppen auf die Dachterrasse. Ihre drei Lieblingspuppen heißen: Kirschblüte, Pfirsichblüte und Pflaumenblüte. Es sind Stoffpuppen, die sich leicht ankleiden lassen. Patty hat von ihrer Mutter Stoffreste aus Seide bekommen und näht daraus Puppenkleider. Wenn sie groß ist, wird sie Schneiderin.

9 An der Tafel

Die kleine Patty Panda geht gern zur Schule, weil ihr das Lernen Spaß macht. Sie stellt viele Fragen und lernt immer etwas Neues hinzu. Sie mag ihre Lehrerin, Fräulein Kronenkranich. Aber was sie nicht mag, das ist die schwarze Tafel. Sie erschrickt jedesmal, wenn sie an die Tafel gerufen wird. Dann schlägt ihr Herz bis zum Hals, sie zittert, manchmal hat sie weiche Knie. Sie ist dann nicht imstand, schöne Kreise und Dreiecke zu zeichnen.
„Diese verflixte Tafel!" denkt sie. „Ins Heft kann ich doch tadellos zeichnen."

10 Die Freundin Langohr

Pattys beste Freundin ist die Eselin Elli Langohr. Sie wohnt im Dorf, und Patty hat sie schon öfter besucht. Heute gehen sie auf den Markt. „Dieser Verkäufer ist aber spaßig!" lacht Patty und bleibt bei dem Melonenverkäufer stehen. Er preist seine Ware lustig an und macht viele Späße.

Juli

11 Ein grüner Stein

Als Patty am Morgen durch den Garten geht, entdeckt sie etwas Grünes, das glänzt. Sie reißt die Augen auf und springt im nächsten Augenblick vor Freude gleich zweimal in die Höhe. „Ein grüner Stein!" ruft Patty. Sie ist so glücklich, als ob ihr ein Stern vor die Füße gefallen wäre. Als ob sie einen Edelstein gefunden hätte. Was macht sie so glücklich?

12 Die Muschel

Am Nachmittag schenkt Frau Mandarinente der kleinen Patty eine Muschel. „Danke!" ruft sie und strahlt vor Freude. Warum ist sie darüber so glücklich?

13 Eine Ansichtskarte

Patty bekommt Post von Tante Emily. Es ist eine schöne Ansichtskarte mit einem Segelschiff auf dem Meer.
Patty tanzt vor Freude und will die Karte gar nicht mehr aus der Hand lassen. Was macht sie denn so froh?

14 In Pattys Zimmer

Jeder, der Pattys Zimmer betritt, bleibt erst einmal erstaunt stehen. An den Wänden sind Regale, und darauf hat Patty ihre Sammlungen ausgestellt: Steine in allen Größen und Farben und viele Muscheln.

Jetzt weißt du, warum sich Patty über den grünen Stein und die Muschel so riesig gefreut hat.

15 Die Ansichtskarten

An eine Wand ihres Zimmers hat Patty alle Ansichtskarten gepinnt, die sie selbst bekommen hat. Eine schöne Sammlung! Du kannst daran erkennen, daß sie auch fleißig schreibt. Denn sonst würde sie nicht so viel Post bekommen. Jetzt weißt du auch, warum sie sich über die Karte so gefreut hat.

Juli

16 Der Wettkampf

„Was macht denn Fräulein Kronenkranich?" flüstert Patty ihrer Banknachbarin zu. „Sie zeichnet einen Drachen!"
Die Lehrerin erklärt: „Aus Freude über den Sommer wollen wir einen Wettbewerb starten. Das Thema lautet: Wer macht den schönsten Drachen?"

17 So viele Fragen!

Ist das eine Aufregung! In der Pause wird weiter über die Drachen gesprochen. Bis wann sollen sie fertig sein? Wie groß sollen sie werden? Was für ein Thema soll es sein?

18 Vorbereitungen

Zu Hause angekommen, stürzt sich Patty gleich in die Arbeit. Sie nimmt Zeichenkarton und Buntstifte und beginnt zu malen.
„Aber was soll es werden?" grübelt sie.

19 *Ein Drache?*

Patty sitzt vor dem weißen Karton und überlegt. Zuerst kommt ihr das Fabeltier in den Sinn. Sie malt dem Drachen Flügel, Krallen und eine stachlige Rücken- und Schwanzflosse.

„Er sieht gut aus, aber den Drachen werden viele wählen. Darum suche ich mir ein anderes Thema aus."

20 *Eine Muschel?*

Die zweite Zeichnung stellt eine schöne bunte Muschel dar. Patty hat die Spirale und die dünnen Dornen gut getroffen.

„Sie ist schön, meine Muschel. Aber es wäre zu schwierig, dem Drachen diese Form zu geben."

21 *Eine Blume?*

Die Chrysantheme auf dem dritten Bild ist Patty wirklich gut gelungen. Sie hat die Blütenblätter mit viel Geduld gemalt.

„Es ist eine schöne Blume geworden. Aber was soll die Blume auf dem Drachen?"

Juli

22 Der gute Einfall

Patty braucht Ruhe, um nachzudenken. Sie steigt auf die Terrasse, setzt sich in ihren Sessel und träumt vor sich hin.
Auf einmal kommt ihr eine Idee. Patty springt wie elektrisiert auf. Dabei stößt sie den Stuhl und einen Blumentopf um. „Ich werde einen Vollmond machen! Ja, einen Vollmond! Einen großen, schönen Vollmond!" ruft Patty. Sie lacht glücklich, ihre Augen strahlen.

„Ich will gleich damit beginnen. Gleich jetzt, ohne auch nur eine Minute zu verlieren!"

23 An die Arbeit!

Zuerst nimmt Patty einen festeren Karton und zeichnet einen großen Kreis. Dann malt sie ein schönes buntes Mondgesicht. Als Stütze verwendet sie dünne Bambusstäbe. Zuletzt schneidet sie viele, viele bunte Sterne aus, um sie am Schwanz des Drachen zu befestigen.

24 Auf der Wiese

Die Woche ist schnell vorbei, die Drachen sind alle fertig. Der lang ersehnte Tag ist da! Weißt du, wo die Drachen steigen werden? Auf einer großen Wiese, die als Grüne Wiese bekannt ist.
Ein Richtungspfeil vor dem Dorf zeigt den Schülern den Weg an.

25 Am Treffpunkt

Alle Schüler der Klasse sind schon versammelt. Sie reden erregt durcheinander. Fräulein Kronenkranich hört aufmerksam zu und lächelt. Ein Schüler läßt bereits seinen Drachen steigen. Einige packen ihr Werk aus, andere halten es noch versteckt.

26 Patty kommt

Das kleine Pandamädchen bringt seinen Drachen in einem Korb mit. Es steht etwas abseits und will ihn erst in der letzten Minute zeigen. Bald ist es soweit.

Juli

27 Der Mond fliegt

Patty zieht ihren Drachen hervor, um ihn steigen zu lassen. Da reißt ihn ihr eine Windböe aus der Hand und trägt ihn einfach davon. Die Ärmste muß zusehen, wie ihr schöner Vollmond in den Himmel steigt.

28 Patty ist verzweifelt

Fräulein Kronenkranich ruft die Schüler einzeln auf und begutachtet die Drachen. Als Patty Panda an der Reihe ist, hat sie nichts vorzuweisen. „Ja, hast du denn keinen Drachen gebaut?" fragt die Lehrerin. Patty kann vor Weinen nicht antworten.

29 Die Gurke

Nach Patty wird Bubi Mampf aufgerufen. Sein Drachen hat die Form einer großen Gurke. Am Schwanz hängen Radieschen und Möhren. Sieht der Drachen nicht lustig aus? Die Schulfreunde lachen: „Auch dein Drachen mußte etwas zum Futtern sein, stimmt's?"

30 Die Überraschung

Die Lehrerin notiert etwas in ihr Büchlein. Sie bereitet sich vor, die ersten drei Sieger zu nennen.
Und in diesem Augenblick bringt ein Windstoß Pattys schönen Vollmond zurück. Er gleitet vor der Lehrerin sanft zu Boden. Nach einem kurzen Himmelsflug ist der Mond wieder auf der Erde. Patty drückt ihren Mond glücklich an sich. „Ende gut, alles gut", denkt sie.

31 Die Siegerin

Fräulein Kronenkranich ist vom freundlichen Vollmond begeistert. „Der Mond steigt vom Himmel herab und hat einen langen Schweif von Sternen in seinem Gefolge", sagt sie lachend. Danach begutachtet sie die Ausführung: viel Phantasie, schöne Farben und sauber ausgeführt. Kein Zweifel, der Vollmond ist die beste Arbeit!
„Den ersten Preis erhält Patty Panda!" verkündet die Lehrerin.
„Danke, Wind!" flüstert das kleine Pandamädchen.

August

Mit Petersilie durch den Sommer

1 Marta Murmeltier

Die Sonne steht schon hoch am Himmel, als Marta Murmeltier aus ihrem Häuschen tritt und sich umsieht. „Oh, die Eichhorns sind schon wieder fleißig", murmelt sie und setzt sich auf die Bank, um ihnen beim Aufbau der Heuschober zuzusehen.

2 Heumahd

Familie Eichhorn ist seit Sonnenaufgang draußen auf der Wiese. Vor ein paar Tagen hat Vater Eichhorn das Gras gemäht und in langen Schwaden zum Trocknen ausgebreitet. Gestern wurde es noch einmal gewendet. Und jetzt hilft die ganze Familie mit. Sie harken es zusammen und werfen es auf einen großen Haufen. Daraus werden viele runde Heuschober.
„Hoppla!" ruft Petersilie jedesmal, wenn er einen Schwung Heu zu seinem Bruder Schnittlauch hinaufwirft.
Das macht Rapunzel solchen Spaß, daß sie auch jedesmal „hoppla!" ruft.

3 Riesensteine

Familie Eichhorn wohnt in diesem schmucken Bauernhaus. Doch was suchen die großen Steine auf dem Dach? Soll es dadurch schöner aussehen? Aber nein! Die Steine sind dort oben, damit ein Sturmwind das Dach nicht wegreißt.

4 Lauter Holz

Das Haus ist ganz aus Holz gebaut: Dach und Wände, Fensterrahmen und Läden, Türen und Balkone, Blumenkästen und Treppen. Alles sieht sauber und ordentlich aus.

5 Der Kräutergarten

Vor dem Haus hat Frau Eichhorn einen Kräutergarten, auf den sie sehr stolz ist. Das Unkraut ist gejätet, um die Pflanzen ist der Boden gehackt und reichlich begossen. Was sollen die Täfelchen?

Darauf stehen die Namen der Kräuter. Damit das richtige Gewürz in den Salat kommt.

August

6 Die Heuschober

Sieh dir mal an, wie viele Heuschober Herr Eichhorn und seine fleißigen Kinder aufgebaut haben! Aber wozu brauchen sie das viele Heu? Warum stellen sie die vielen Heuschober wie Männchen auf der Wiese auf? Welches ist wohl die Erklärung dafür?
Das werden wir bald sehen!

7 Die großen Säcke

Und gleich wirst du erfahren, daß auch Frau Eichhorn, unterstützt von Rapunzel, eine etwas seltsame Arbeit macht. Die beiden nähen große Säcke aus festem Leinen. Warum wohl?

8 Die Holzhütte

Und gleich noch zwei Fragen: Was ist mit der kleinen Holzhütte, die in der Nähe des Wohnhauses steht? Und warum trägt Petersilie der Reihe nach alle Leinensäcke hinein?

9 Die Lösung

Wiederholen wir mal die Fragen: Warum werden diese kleinen Berge aus Heu in der Sonne zum Trocknen aufgestellt? Wozu dienen die großen bunten Leinensäcke? Warum schafft man die Säcke in die Holzhütte?

Du sollst es erfahren … Weil Vater und Mutter Eichhorn in der Hütte aus den Säcken Matratzen fertigen, die mit dem frischen Heu gefüllt werden.
Es wird ein ganzer Berg Matratzen! Fest und dennoch weich, widerstandsfähig und frisch duftend und obendrein schön anzusehen.

10 Für welche Kunden?

Willst du wissen, wer solche Matratzen kauft? Nun, die besten Kunden sind Familie Murmeltier und Herr Siebenschläfer.
Sie schlafen fast den ganzen Winter über und kaufen sich deshalb jedes Jahr neue Matratzen, die mit frischem, duftendem Heu gefüllt sind.

„Ob sie ihm wohl paßt?" denkt Petersilie, als sich Herr Siebenschläfer auf eine Matratze legt, um sie auszuprobieren.

August

11 Schreibübungen

Wir haben August, und es sind noch Schulferien. Aber Petersilie nimmt jeden Tag sein Heft hervor und macht ein paar Schreibübungen. Damit er das Alphabet nicht vergißt, schreibt er die Buchstaben von A bis Z. Oder er schreibt ein paar Sätze aus der Fibel ab.

12 Die wird nicht verkauft

Nachdem die Matratzen alle fertig sind, bettelt Petersilie: „Mama, ich möchte auch eine neue Matratze! Meine duftet nicht mehr so gut."
„Welche Farbe soll sie haben?"
Der Kleine druckst herum, dann sagt er: „So blau wie mein Pulli, aber mit lustigen Streifen!"

Ha, das macht Spaß, das Heu für die eigene Matratze auszusuchen!

13 Petersilies Hobby

Wenn der kleine Eichhorn nicht lernt oder nicht den Eltern hilft, dann entwischt er auf die Wiese. Was macht er wohl dort mit dem Körbchen? Er sammelt leidenschaftlich gern Blumen. Schöne Blumen in bunten Farben. Jede einzelne legt er vorsichtig in sein Körbchen und sagt ihren Namen, wenn er ihn kennt.

14 Seltsames Vorgehen

Was macht Petersilie mit den vielen Blumen? Bindet er Sträuße für die Wohnung? Malt er sie? Oder bindet er Kränze und schenkt sie seinen Freunden?

Nichts dergleichen! Petersilie macht etwas ganz Seltsames, aber lach ihn bitte nicht gleich aus! Er legt jede Blume einzeln zwischen zwei Löschblätter und schiebt sie dann in ein altes Buch. Danach schlichtet er mehrere dicke, schwere Bücher auf das Buch mit den Blumen und setzt sich eine Zeitlang darauf.

15 Das Geheimnis wird gelöst

Petersilie, warum gehst du mit den Blumen so grob um? Du machst sie kaputt, du zerquetschst sie ... Von deinen schönen Blumen wird nicht mehr viel übrigbleiben.
„Aber nein, wo denkst du hin!" Petersilie bringt stolz ein großes Heft herbei und schlägt es auf. Auf jeder Seite sind fein säuberlich bunte Blumen mit Stengeln und Blättern mit Klebestreifen befestigt und beschriftet. Die Blumen haben Form und Farbe behalten, weil Petersilie sachgerecht und behutsam vorgegangen ist.
Er hat durch sein Herbarium — so nennt man die Sammlung von gepreßten Pflanzen — viel über die Pflanzen aus seiner Umgebung gelernt.

August

16 Noch mehr Heu ...

Der Sommer geht bald dem Ende zu, und deshalb ist Familie Eichhorn noch eifriger bei der Arbeit. Die fleißigen Eichhörnchen mähen, harken das Gras zu langen Schwaden, lassen es trocknen, werfen es hoch und wenden es. Schließlich bauen sie viele Heuschober, die dann wie Männchen auf der Wiese stehen.

Alle sind beschäftigt: Vater und Mutter Eichhorn sowie die Kinder Petersilie, Schnittlauch und die kleine Rapunzel.

17 ... und noch mehr Matratzen

Tagsüber arbeitet Familie Eichhorn draußen auf der Wiese und abends in der Holzhütte. Dort werden wieder schöne, weiche Matratzen gemacht, auf die schon viele Kunden warten. „Ich brauche blaues Garn!" ruft Vater Eichhorn. „Gib mir mal die Schere!" sagt die Mutter.

Petersilie saust mal dahin, mal dorthin und bringt das Verlangte. Er ist flink wie ein Wiesel, und es macht ihm Spaß, den Eltern zu helfen.

18 *Ein voller Karren*

Am Sonntag ist im nahen Dorf Jahrmarkt, und Herr Eichhorn will dort die Matratzen verkaufen. Festlich angezogen geht die ganze Familie hinter dem Karren ins Nachbardorf.

19 *Auf dem Jahrmarkt*

Was für ein buntes Treiben! Die Kinder können sich nicht satt sehen an all den Sachen, die in den Buden und an den Ständen verkauft werden.

Sie trinken Limonade, essen Würstchen und naschen Süßigkeiten.

20 *Rückkehr nach Hause*

Die Eichhorns haben alle Matratzen verkauft und sind mit dem Erlös zufrieden. Spät abends kehren sie bei Mondschein nach Hause zurück. Sie sind müde, aber glücklich.

August

21 Bergwanderung

Die Arbeit ist getan, und Familie Eichhorn will einige Tage in den Bergen am Gletschersee verbringen. Gemeinsam mit Familie Kaninchen beginnen sie den Aufstieg. Vater Eichhorn geht an der Spitze. „Noch eine kleine Anstrengung, und wir haben den halben Weg geschafft!" ruft er zurück.

22 Karli Kaninchen

Petersilie hat eine Tasche dabei und sammelt Blumen für sein Herbarium. Hilft ihm sein Freund Karli? Nein, der sammelt selbst etwas … grüne Steine!

23 Beim Wasserfall

Als der Weg eine Biegung macht, stehen alle plötzlich vor einem Wasserfall. Wie das rauscht und sprudelt! „Seht, die Tropfen glitzern wie Glassplitter in der Luft!" ruft Rapunzel. „Gut, daß es keine sind!" sagt Karli. „Laßt uns von dem klaren Wasser trinken!"

24 Ins Wasser!

Die Gruppe ist am Gletschersee angekommen. Das Wasser ist klar, und man sieht bis auf den Grund. „Dürfen wir baden?" fragen die Kinder.
Die Eichhörnchen können gut schwimmen. Die Kaninchenkinder spielen am Ufer.

„Hui, das ist ein Kopfsprung!" staunt Karli und zeigt auf Petersilie.

25 Guten Appetit!

Mutter Kaninchen und Mutter Eichhorn wissen, daß die Kinder hungrig sind, wenn sie aus dem Wasser kommen. Darum breiten sie Tücher aus und bereiten alles für das Picknick vor. „Das Brot schmeckt viel besser als daheim!" ruft Schnittlauch.

26 Nach dem Essen

Rapunzel und Karin Kaninchen suchen sich ein weiches, ruhiges Plätzchen aus. Und bald schlafen die beiden am Ufer des Sees. Wandern und Baden macht müde.

August

27 Die beiden Klettermaxe

Petersilie und Karli sind überhaupt nicht müde. Während sich alle ausruhen, schleichen sie sich davon. Sie wollen ein wenig die Umgebung auskundschaften. „Zuerst klettern wir auf die Felsen, die da in der Nähe sind", schlägt einer vor.

28 Eine unbekannte Blume

Plötzlich entdeckt Petersilie auf einem Felsvorsprung eine weiße Sternblume, die er nicht kennt. „Die muß ich pflücken!" sagt er begeistert.

29 In Gefahr

Petersilie beugt sich über den Felsrand, streckt sich nach der Blume und pflückt sie. „Ich hab' sie!" ruft er glücklich und steckt die weiße zarte Blume in seine Tasche. Doch beim nächsten Schritt löst sich ein Stein unter seinem Tritt, Petersilie verliert das Gleichgewicht und stürzt. Im Fallen reißt er Karli mit.
Zum Glück landen die beiden nur einen halben Meter tiefer auf einem Felsvorsprung!

30 Die Rettung

Nachdem sich die beiden vom ersten Schrecken erholt haben, rufen sie: „Hilfe! Wir sitzen hier fest!" Herr Eichhorn und Herr Kaninchen hören die Rufe und erkennen die Stimmen ihrer Söhne. Du kannst dir vorstellen, daß sie den Kindern sofort zu Hilfe eilen.
Bald entdecken sie die Ausreißer auf dem Felsvorsprung. „Bleibt ruhig sitzen, ich hole ein Seil aus meinem Rucksack!" ruft Vater Eichhorn.

„Seilt euch einer nach dem anderen an, wir ziehen euch hoch!" ruft Vater Kaninchen den Kindern zu. Hau ruck! Der erste wird hochgezogen, dann hau ruck! auch der zweite.
„Das ist noch mal gut gegangen", sagt Vater Eichhorn. „Aber seid nie mehr so unvorsichtig!"

31 Ein Schatz

Petersilie zeigt dem Vater die Blume. „Aber, aber ... das ist doch ein Edelweiß!" sagt der Vater. „Weißt du denn nicht, daß diese Blume nicht gepflückt werden darf?" — „Nein!" stottert er. „Aber ich werde sie wie einen Schatz hüten."

September

Die Insel mit dem Leuchtturm

1 Familie Wauwau

Wanja Wauwau steht auf den Felsen am Fuße des Leuchtturms und bindet das Boot los. Seine Frau Wanda und die Kinder Nick und Nina hatten ihn wie jedes Wochenende besucht. Jetzt kehren sie zum Festland zurück und winken ihm zum Abschied.

2 Der Fischer Hans Hammel

Der Fischer sitzt am Meeresufer und bessert die Netze aus. Als sich das Boot mit Familie Wauwau nähert, denkt er:
„Wie mutig Frau Wauwau ist! Jedes Wochenende fährt sie mit den Kindern bis zum Leuchtturm und zurück. Sie besucht ihren Mann zu jeder Jahreszeit. Sie ist wirklich mutig!"

3 Das Licht

Auf der Leuchtturmspitze ist ein Licht. Das geht pausenlos an und aus. Tag und Nacht sendet es das helle Lichtbündel bis weit aufs Meer hinaus. Es ist ein Signal für die Schiffer auf See. So wissen sie, daß hier Festland ist.

4 Auf Wacht

Der hohe steinerne Leuchtturm steht auf einer kleinen Insel, die vor der Küste aus dem Meer ragt. Wanja Wauwau ist seit vielen Jahren Leuchtturmwärter. Ist das kein schweres Leben? Schon, aber er liebt das Meer und will den Schiffern helfen.

5 Das Häuschen am Meeresstrand

Wanda Wauwau lebt nicht auf dem Leuchtturm, weil die Kinder zur Schule müssen. Und es wäre zu schwierig, mit dem Boot jeden Morgen den Meeresarm zu überqueren, der das Festland von der Insel mit dem Leuchtturm trennt. Mutter Wanda lebt mit den Kindern in dem kleinen strohgedeckten Haus. Wanja kann es von oben erkennen. Wenn er es sieht, fühlt er sich weniger einsam.

September

6 Die Arbeit des Wärters

Wanja Wauwau folgt dem Boot, das sich entfernt, einige Minuten lang mit den Augen. Dann kehrt er mit einem tiefen Seufzer in seinen Turm zurück. Viel zu schnell ist der Tag mit seiner Familie vergangen!
Zuerst hat er sich mit den Kindern unterhalten und nachgesehen, ob sie die Hausaufgaben richtig gemacht haben. Dann haben sie gemeinsam gegessen, was Mutter Wanda mitgebracht hat.
Und jetzt setzt sich der Wärter wieder an seinen Arbeitstisch mit den Meßinstrumenten.

7 Gute Nacht, Herr Wauwau

Es ist Nacht. Nachdem der Wärter geprüft hat, ob alle Instrumente funktionieren, schlüpft er ins Bett. Eine Zeitlang hört er dem gleichmäßigen Wellenschlag zu, dann summt er ein altes Volkslied und schläft ein.

Er träumt vom Mann im Mond, der ihm die Geschichte eines verirrten Fischerbootes erzählt. „Das Licht deines Leuchtturms hat ihn gerettet", sagt er.

8 Zu Hause

Nach einer halben Stunde ist Mutter Wauwau mit den beiden Kindern zu Hause angekommen. Bald sitzen sie um den Tisch und löffeln die Gemüsesuppe. Die Kinder essen mit großem Appetit. Die frische, prickelnde Luft auf dem Meer hat sie wieder hungrig gemacht. In Gedanken sind alle noch bei Vater Wauwau, den sie allein im Turm zurückgelassen haben.

9 Nina lernt ...

Nach dem Abendessen geht Nina auf ihr kleines Zimmer unter dem Dach. Sie schlüpft unter die warme Bettdecke, nimmt ihre Schulbücher vor und wiederholt die Aufgaben. Nina ist eine gewissenhafte und fleißige Schülerin. Dann löscht sie das Licht und schläft ein.

10 Nick zeichnet ...

An der anderen Seite der Wand sitzt Nick in seinem Bett. Er zeichnet große, schöne Schiffe, auf denen er einmal als Kapitän um die Welt fahren wird. Nick zeichnet, bis ihm die Augen zufallen.

September

11 Alle in die Schule!

Während der Woche gehen Nina und Nick in die Schule. Das Dorf ist weit, und ihr Weg führt sie der Küste entlang. Sie gehen ihn täglich zweimal, auch bei windigem und nassem Wetter. Oft schließt sich ihnen Lore Lamm an.

12 Die Postbotin

Während der Woche trägt Frau Wanda Wauwau die Post aus. Sie hat ein gelbes Fahrrad und muß ganz schön in die Pedale treten, um die Häuschen zu erreichen, die verstreut entlang der Küste stehen. Frau Wauwau radelt täglich viele Kilometer. An der Küste weht oft ein stürmischer Wind. Die Postbotin muß sich während der Fahrt mit ganzer Kraft dagegenstemmen und das Gleichgewicht halten. Sonst würde der Wind sie mit Rad und Tasche umwerfen.
Wenn Frau Wanda einen solchen anstrengenden Tag hat, findet sie im Leuchtturm Trost. Von jedem Punkt ihres Weges kann sie ihn sehen und denkt: „Wanja, so allein wie du bin ich nicht!" Dann denkt sie an die Kinder, und das gibt ihr neuen Mut und Kraft.

13 *Mhh, wie lecker!*

Samstags steht Frau Wanda früh auf und bäckt verschiedene Kuchen, um sie Papa Wauwau zum Leuchtturm mitzunehmen. Diesmal ist es eine Rolle mit Konfitüre und eine Kremtorte. „Und außerdem noch ein leckeres Früchtebrot!" freut sie sich.

14 *Der Käpt'n im Boot*

Wenn der Kuchen fertig ist, wird er sorgfältig verpackt. Dann kommt er in einen Korb. „Hier, Käpt'n, ist die wertvolle Fracht", wendet sich Mutter Wauwau an ihren kleinen Sohn und gibt ihm den Korb. Nick erwischt ihn ganz stolz. Er freut sich, wenn er etwas Nützliches tun kann und fährt für sein Leben gern auf dem Meer. Er springt als erster ins Boot und verstaut den Korb im Heck.

15 *Alle Mann an Bord!*

Endlich treten Nina und die Mutter aus dem Haus. „Alle Mann an Bord!" ruft Nick.
Tuck, tuck, tuck! Der Motor springt an, und das Boot setzt sich in Bewegung.
Der Fischer Hans Hammel sieht ihm vom Ufer aus nach. „Bald gibt's wieder Familientreff bei den Wauwaus", denkt er.

September

16 Land in Sicht!

Kurz bevor das Boot den Leuchtturm erreicht, bläst Nick in ein Horn. Tutuut, tutuut, tut! Jetzt weiß Vater Wauwau, daß seine Lieben kommen. Er rennt die Treppe hinunter, um sie zu begrüßen.

Das ist eine Freude! Alle sind glücklich, wieder beisammen zu sein.

17 Die Hausaufgabe

Nina hat ihre Schulbücher und Hefte dabei. Diesmal ist es eine Rechenaufgabe, die sie nicht allein lösen kann.
Der Vater erklärt sie ihr.
„Jetzt hab' ich sie sehr gut verstanden!" freut sie sich.

18 Der Ausblick

Das Essen schmeckt ausgezeichnet. Die Familie sitzt beisammen und erzählt sich, was inzwischen vorgefallen ist. Später steigen alle hinauf auf die kleine Terrasse, von wo aus sie den weiten blauen Himmel bewundern.
„Ein Schiff!" ruft Nick und zeigt in die Ferne. Wie aufregend es ist, seine Fahrt zu beobachten!

19 Der fliegende Kuchen

Am nächsten Freitag probiert Frau Wauwau einen neuen Kuchen aus. Er duftet nach Vanille und soll besonders gut schmecken. Und außerdem kann man ihn längere Zeit aufbewahren. Und das ist wichtig, denn am Sonntag hat ihr Mann Wanja Geburtstag.

Gerade als Mutter Wauwau den Kuchen aus dem Herd nimmt, stürmt Nick in die Küche. Pardauz! Beide stoßen zusammen, und der Kuchen fliegt hoch in die Luft. Aber die Mutter fängt ihn schnell wieder auf.

20 Papas Geschenke

Nach der Schule beschließen Nina und Nick, dem Vater zum Geburtstag schöne Bilder zu malen.

Was malt Nick?
Ein Schiff voller Geschenke für seinen Papa.

Und was malt Nina?
Den Leuchtturm.

Aber auf dem Bild ist etwas Seltsames zu sehen. Der Leuchtturm ist durch eine Brücke mit dem Festland verbunden. Ja, diese Brücke führt genau zu ihrem Häuschen! Und weil sie ein Geschenk ist, hat Nina eine rote Schleife darum gemalt.

September

21 Das Unwetter

Am nächsten Morgen fegt ein heftiger Sturm über die Küste. Frau Wanda kann kaum die Fensterläden aufschieben.
Und als sie kurz darauf aus dem Haus tritt, schlägt ihr der Regen mit solcher Wucht entgegen, als würde jemand einen Eimer Wasser auf sie schütten.
Frau Wanda hat schon viele Stürme erlebt, aber einen solchen … nein, einen solchen hat es noch nicht gegeben!
„Was tun?" sorgt sie sich.

22 Bootfahren ist lebensgefährlich

„Sehen Sie sich das Unwetter an!" ruft Herr Seehund. „Nein, bei solchem Wellengang kann man mit dem Boot nicht aufs Meer hinaus!"
„Es ist doch der Geburtstag von Wanja!" jammert Frau Wauwau.

Herr Seehund sieht aufs Meer, dann auf Frau Wauwau und schüttelt den Kopf: „Ich wiederhole: Jetzt hinauszufahren, ist lebensgefährlich!"

23 Nick fliegt

Der kleine Nick kann auch nicht im Haus sitzen und warten. Er läuft zur Mole, vielleicht hat sich das Meer inzwischen beruhigt. Aber hui! erfaßt ihn eine Böe, hebt ihn hoch, schleudert ihn ein Stück durch die Luft und setzt ihn wieder ab. „Nein, heute können wir nicht zu Papa!" denkt Nick.

24 Die Schiffbrüchigen

Der Sturm hält den ganzen Tag an. Gegen Abend entdeckt der Fischer Hans Hammel einen Schiffsmast mit zwei Schiffbrüchigen auf den Wellen. Herr Seehund hilft ihm, ihn zu bergen. Die geretteten Schwestern Huhn hauchen „Danke!".

25 Kuchen für die Geretteten

Zum Glück sind die Schwestern noch rechtzeitig gerettet worden. Was sie jetzt brauchen, ist Ruhe und ein warmes Zimmer. Frau Wauwau macht sich trotz des Sturmes auf den Weg, um ihnen vom Kuchen zu bringen, den sie für ihren Mann gebacken hat. „Danke!" hauchen die Schwestern.

September

26 Drei Tage und drei Nächte

Der Sturm wütet den ganzen Tag und die ganze Nacht. Aber am nächsten und übernächsten Tag läßt er immer noch nicht nach. Niemand traut sich aus dem Haus. Auch der wettergewohnte Hans Hammel bleibt lieber drinnen. Er hat jetzt Zeit für sein liebstes Hobby. Was macht er überhaupt?

Etwas, was viel Geduld fordert: Aus Holzstäbchen, Stoffstücken, Klebstoff und Garn bastelt er im Innern einer Flasche ein schönes Segelschiff.

27 Riesenwellen

Was macht der Leuchtturmwärter Wanja während des Sturmes? Er macht sich Sorgen, aber er hat keine Angst. Die riesigen Wellen peitschen den steinernen Koloß, und der Wärter denkt: „Ich sitze hier wie in einem Unterseeboot. Hoffentlich drücken die Wellen die Fensterscheiben nicht ein!" Du mußt nämlich wissen, daß der Arbeitsraum mit den Meßgeräten auch zugleich sein Wohn- und Schlafraum ist. Zur Zeit hat Herr Wanja mehr denn je zu tun.

28 Der Sturm läßt nach

Im Morgengrauen des vierten Tages hört der Sturm plötzlich auf. Und am Morgen haben alle Küstenbewohner eine böse Überraschung.

Frau Wauwau öffnet das Fenster und ... sieht nichts. Sie schließt die Augen und öffnet sie wieder. Noch immer sieht sie nichts. Sie reibt sich die Augen ... kein Meer, kein Turm, kein Fischerhaus, nichts!
Was ist geschehen?

Über dem Meer und der Küste liegt ein dichter Nebelschleier.

29 Auf das Licht zu

Am Samstag ist die Küste immer noch in dichten Nebel gehüllt, aber das Licht des Leuchtturms ist zu erkennen. „Heute wollen wir Papa besuchen", sagt Frau Wanda. „Das Licht wird uns leiten."

30 Alles Gute zum Geburtstag!

Was für eine Überraschung, als Herr Wanja die bekannten Töne von Nicks Horn hört! So schnell ist er noch nie die Treppen hinuntergerannt. Ist das eine Freude, als sich alle in den Armen liegen! Und dann wird der Geburtstag nachgefeiert.

Oktober

Walli, Salli und der elektrische Strom

1 Familie Wolkenkratzer

Im Laufschritt, schnell wie Raketen kommen Vater, Mutter und die Zwillingsmädchen vor dem Eingang des Hochhauses an. Wie heißt denn diese Familie, die sich nur im Laufschritt fortbewegt? Welchen Namen haben die Zwillinge auf Rollschuhen?

Dieses Straußenquartett ist Familie Wolkenkratzer.

Und die hübschen Zwillinge heißen Walli und Salli.

2 Der Pförtner

Weil in diesem Hochhaus nur wohlsituierte Leute wohnen, gibt es einen Pförtner wie in einem Hotel. Er trägt eine rote Uniform mit goldenen Knöpfen und eine schicke Mütze. Als die Familie Wolkenkratzer mit wehenden Federn angesaust kommt, schmunzelt Dodo Affe und reißt die Tür auf. „Ich kenne einige Meister im Laufen", denkt er, „aber diese vier Strauße würden mit Sicherheit den ersten Preis erringen!"
Dodo ist immer gutgelaunt. Wieder singt er eine heitere Melodie vor sich hin.

3 Der Himmelsgarten

Frau Wolkenkratzer liebt die Natur. Sie ist Mitglied im Verein „Rettet das Grün" und hat das Glück, mitten in der Großstadt einen eigenen Garten zu besitzen. Sie nennt ihn Himmelsgarten. Warum wohl?

Weil die Obstbäume mit ihren Früchten, die Nadelbäume, Sträucher und Blumen auf dem Dach des Wolkenkratzers wachsen.

4 Die Wohnung

Die Familie Wolkenkratzer wohnt auch ganz schön hoch … im siebenundfünfzigsten Stockwerk des Hauses, unmittelbar unter dem Dachgarten.

Eine Innentreppe führt aus der Wohnung in den Garten, wo die Familie viele Stunden des Tages verbringt. Sogar Vögel haben dort oben ihr Nest.

5 Der Ausblick

Wenn Walli und Salli aus dem Fenster auf die Straße hinunterschauen, haben sie den Eindruck, in einem Flugzeug zu sein. Die Straße ist weit unten, die Menschen winzig. Die Geräusche der Motoren und Bremsen, der Hupen und Straßenbahnen dringen nur leise zu ihnen herauf.

Oktober

6 Eine Computer-Mannschaft

Papa Wolkenkratzer ist Fachmann für Informatik und immer schwer beschäftigt. Er arbeitet pausenlos mit seiner fleißigen Mannschaft ... aus dreizehn Bildschirmen.

Stell dir vor, er hat keine Mitarbeiter, er arbeitet nur mit Maschinen. Er setzt sich vor einen der Bildschirme und studiert Graphiken. Die Linien steigen und fallen, laufen im Zickzack, werden unterbrochen und erscheinen von neuem. Papa Wolkenkratzer läßt sich eine lange Liste mit Ziffern ausdrucken, vergleicht und verbessert und gibt sie wieder in den Computer ein.

7 Die Natur ist in Gefahr

Was macht inzwischen Frau Wolkenkratzer? Sie trifft sich mit ihren Freundinnen vom Verein „Rettet das Grün". Gemeinsam besprechen sie, was zu tun sei, um die gefährdeten Wälder auf der Welt zu retten.
Zuerst wollen sie auf dieses Problem aufmerksam machen. Darum ziehen sie mit Transparenten durch die Hauptstraße und verteilen Flugblätter. Darin weisen sie auf die Gefährdung der Natur hin. Sie fordern, daß alles getan werde, damit ihre Kinder in einer gesunden Natur aufwachsen können.

8 Unterricht im Steppen

Nach der Schule sind die Schwestern Walli und Salli ständig auf Achse: Sie malen, spielen Tennis, machen Gymnastik, laufen auf Rollschuhen, schwimmen, töpfern und lernen kochen.
Aber außerdem hat jede auch noch ein eigenes Hobby. Walli steppt in ihrer Freizeit, wann immer es geht. Hier siehst du sie mit Stepschuhen, Hut und Stock. Sie übt stundenlang unter den kritischen Blicken ihres Lehrers, des Herrn Enrico Ente.

9 Trommelwirbel

Salli ist musikalisch. Als sie klein war, spielte sie am liebsten mit einer Trommel. Als sie größer wurde, war ihr Traum, in einer Jazzband die Schlaginstrumente zu spielen. Darum nimmt sie Musikunterricht. Salli hat viel Gefühl für Rhythmus. Sie schlägt die kleine und große Trommel und läßt das Becken erklingen.
Der Lehrer ist mit ihr zufrieden.

10 Eine Fahrt aufs Land

Freitags fährt die aktive Familie Wolkenkratzer immer gleich nach dem Mittagessen aufs Land in ihr Ferienhaus. Vorher werden Koffer, Säcke, Bücher und vieles mehr im Kofferraum verstaut. Das alles brauchen sie in der Freizeit. Der Pförtner hilft, das Gepäck zum Auto zu bringen, und los geht's.

Oktober

11 Rückkehr in die Stadt

Jeden Sonntag abend kehren die vier quirligen Strauße mit noch mehr Gepäck in die Stadt zurück. Zum Glück ist Dodo immer anwesend und hilft, Taschen und Koffer, Säcke und Körbe und ein paar Schirme auspacken. Lachend und ein fröhliches Lied singend schleppt er dann die Koffer, Taschen, Schirme, Säcke und den Riesenkorb mit Obst und Gemüse zum Aufzug.
„Wie das nur alles im Kofferraum Platz hatte", staunt er jedesmal.

12 Ein Lichtermeer

Gleich nach ihrer Ankunft in der Wohnung stürzen die Zwillinge ans Fenster. Das Lichtermeer unter ihnen zieht ihre Blicke magisch an. Was für ein Anblick! Tausende und aber Tausende erleuchteter Fenster. Und die Staßenbeleuchtung weit unten wie eine Perlenkette aus Licht! Walli und Salli können sich nicht satt sehen.
„Sieh dir die Autos an! Als würde jemand mit einem Leuchtstift viele Linien ziehen!" ruft Walli. „Rote oder weiße!" ergänzt Salli.

13 *Eine neue Woche*

Montags läuten und piepsen gleich mehrere Weckuhren, um die Familie Wolkenkratzer zu wecken. Der Papa verläßt die Wohnung, um draußen zu joggen. Die Zwillinge steigen in den Garten und beginnen den Tag mit rhythmischer Gymnastik. Und die Mama? Die macht Joga. So halten sie sich in der Großstadt fit.

14 *Der erste Preis*

Die Woche beginnt gut. Die Zwillinge nehmen am Schulwettbewerb im Rollschuhlaufen teil und … kommen punktgleich auf den ersten Platz. Das ist doch lustig! Jede bekommt vom Turnlehrer eine glänzende Medaille und ein Diplom. Bravo, ihr Schwestern!

15 *Im Aufzug*

Es ist Abend. Familie Wolkenkratzer steigt in einen der Aufzüge, um in die Wohnung zu fahren. Sie treffen nette Bekannte: Fräulein Ziege, die Mannequin ist, den Geschäftsmann Herrn Fuchs und die freundliche alte Frau Pavian.

Oktober

16 So ein Schreck!

Plötzlich bleibt der Aufzug stehen, und das Licht geht aus. Nur ein kleines Notlicht brennt noch. Allen ist der Schreck ins Gesicht geschrieben. „So ein Pech!" ruft Herr Wolkenkratzer. „Jetzt werde ich die Nachrichten im Fernsehen verpassen!"
„Ich erwarte einen wichtigen Anruf", sagt Herr Fuchs und sieht auf die Uhr.
Fräulein Ziege lacht nervös. Walli steppt auf der Stelle, und Salli klopft den Takt dazu.

17 Eine Viertelstunde ...

... ist vergangen, und die Armen sind immer noch im Fahrstuhl eingeschlossen. Niemand lacht mehr, keiner sagt mehr etwas. Selbst Walli und Salli stehen brav still. Warum bloß?

Weil alle Angst haben, daß sie die Nacht im Aufzug verbringen müssen.

18 Frau Pavian erzählt ...

Die alte Frau Pavian wischt sich den Schweiß von der Stirn und beginnt zu erzählen:
„Ein Freund von mir war einmal zwei Tage lang in einem Lastenaufzug eingeschlossen. Der Arme! Er ist die ganze Zeit auf und ab gegangen. Und als man ihn endlich befreite, ist er wie ein Känguruh gesprungen ..."

19 Gerettet!

Weiter kommt sie nicht, denn ein Signal ertönt.
„Wir sind gerettet! Die Feuerwehr kommt!" ruft Herr Wolkenkratzer erleichtert. Sie ist gerade rechtzeitig da, denn die Erzählung von Frau Pavian hat alle erschreckt.

Die Leute von der Feuerwehr haben Werkzeug bei sich. Sie arbeiten beim Licht von Fackeln, weil im ganzen Haus Stromausfall ist. Endlich geht die Tür des Aufzugs auf. Sie sind im vierzigsten Stockwerk.

20 Der Aufstieg

Jetzt heißt es, zu Fuß gehen. „Wie schön ist es, sich wieder bewegen zu können!" sagt jemand. Nach dem unfreiwilligen Stillstehen schadet Treppensteigen nicht, im Gegenteil ... „Ach du Schreck!" entwischt es Frau Wolkenkratzer. Sie haben noch sechzehn Stock zu steigen bis zu ihrer Wohnung. Die vier tasten sich die Wand entlang. „Zählen wir die Treppen!" schlägt Walli vor. Salli ist einverstanden. Das ist ein Abenteuer für die Mädchen! Seit sie auf der Welt sind, war der Aufzug noch nie kaputt.

Oktober

21 Bei Kerzenlicht

In der Wohnung angekommen, müssen sich Wolkenkratzers erst an die Dunkelheit gewöhnen. Sonst war es ganz einfach: Taster drücken – und es war hell. Die Mutter tastet sich durch die Wohnung und sucht Kerzen und Streichhölzer ... Sonst kommen Kerzen auf die Geburtstagstorte oder werden angezündet, wenn beim Abendessen Stimmung aufkommen soll.

22 Belegte Brötchen

Ohne Strom sind Herd und Kühlschrank nicht in Betrieb. Aber Mutter und Vater Strauß lassen sich nicht entmutigen: Es gibt eben belegte Brote. Womit? Mit Salatblättern, Tomaten, Radieschen und Gurken.

23 Im Dunkeln

Fernseher, Musikanlage und Computer funktionieren ebenfalls nicht ... Aber man kann die Zeit auch anders verbringen. „Setzt euch zu uns!" sagen die Eltern und beginnen von früheren Zeiten zu erzählen. Schon lange war die Familie nicht mehr so gemütlich beisammen gesessen. Sonst sind alle hektisch, vielbeschäftigt und immer in Eile. Wie schnell die Zeit vergangen ist!

24 Urgroßvater Josef

„Ohne Elektrizität sind wir vollkommen isoliert", sagt Herr Wolkenkratzer. „Aber das ist nichts verglichen mit dem, was mir mein Großvater erzählt hat."
„Wie war das damals?" fragen die Mädchen wie aus einem Mund.
„Er lebte mit seiner Familie auf einem einsamen Bauernhof mitten in der weiten Ebene. Im Winter oder bei Hochwasser waren sie oft monatelang von der übrigen Welt abgeschnitten. Aber man hatte sich daran gewöhnt und vorgesorgt. Großvater machte in dieser Zeit schönes Spielzeug aus Holz."

25 Urgroßmutter Charlotte

Auch Mutter Wolkenkratzer kann eine Geschichte aus früheren Zeiten erzählen.
„Im Augenblick haben wir kein Fernsehen, keine Radiomusik, können keine Platten auflegen. Aber wir wissen, sobald wieder Strom ist, haben wir erneut Unterhaltung aus der Steckdose. Als Urgroßmutter Charlotte gelebt hat, mußte man selbst für seine Musik sorgen. Also haben alle aus ihrer Familie auf einem Instrument spielen oder nach Noten singen können. Abends pflegte die Uroma Klavier zu spielen, ihr Bruder spielte Geige, und die Mutter sang dazu. Und der Opa komponierte Musik. Alle verbrachten schöne Abende zusammen, ohne sich zu langweilen."

Oktober

26 Wer klopft?

Beim schwachen Schein der Kerze kramen Mutter und Vater weitere Erinnerungen an frühere Zeiten aus. Walli und Salli hören begeistert zu.

Als die Mutter eine Pause macht, rufen sie: „Erzähl weiter!" Plötzlich klopft jemand an die Tür, denn die Klingel ist auch außer Betrieb. Herr Wolkenkratzer öffnet, und vor ihm steht die alte Frau Schildkröte.
„Ich bin Ihre Nachbarin", stellt sie sich vor, „und habe im Dunkeln allein Angst. Kann ich bei Ihnen bleiben, bis wir wieder Strom haben?"

27 Die Malerin

Selbstverständlich nehmen die Wolkenkratzers die Nachbarin freundlich auf. Sie hat ein Buch mitgebracht, das sie gemalt hat. Das zeigt sie den Nachbarn und erzählt über ihr Leben als Malerin.

28 Der Schauspieler

Wieder klopft es. Diesmal ist es Herr Zebra, ein bekannter Schauspieler. Er hat keine Kerzen und keine Streichhölzer und langweilt sich im Dunkeln. „Der ganze Abend ist im Eimer!" ruft er theatralisch. „Es ist doch seltsam", meint Frau Schildkröte, „wir sind schon lange Nachbarn und haben uns nicht gekannt!"

29 Der Mond

Die Nachbarn kommen sich schnell näher. Und weil im ganzen Stadtteil der Strom ausgefallen ist, sind alle Fenster dunkel. Ein ganz ungewohnter Anblick! „Seht euch den Mond an!" ruft Salli. Sie stehen vor dem Fenster und bewundern den Himmelskörper, als würden sie ihn zum ersten Mal sehen.

30 Es ist wieder Licht

Auf einmal gehen die Lichter an. Alle reiben sich die Augen, dann klatschen sie in die Hände. Das Licht hat über die Dunkelheit gesiegt. „Wir können uns ein Leben ohne Elektrizität nicht mehr vorstellen", sagt Frau Schildkröte. „Aber auch das Leben ohne Licht und Technik hat seine schönen Seiten."

31 Beginnt ein neues Leben?

Ja, sie hat recht. Wäre der Strom nicht ausgefallen, hätten die Nachbarn weiterhin nicht miteinander gesprochen und sich nicht kennengelernt. Von jetzt an werden sie sich grüßen und Zeit finden zu fragen: „Was machen Sie noch? Wie geht's?" Auch Walli und Salli haben an diesem Abend ohne elektrischen Strom eine wichtige Erfahrung gemacht.

November

Der kleine Künstler Sayonara

1 Das Fest der Blumen

Auf der kleinen japanischen Insel, auf der die Familie Aufgehende Sonne wohnt, ist der Herbst die schönste Jahreszeit. Soweit das Auge reicht, stehen Bäume, Sträucher und Blumen im Herbstschmuck da. Warme Farben erfreuen das Auge: Rot, Goldgelb, Gelb, Orange, Blaßgrün und Braun. Wie schön alles wirkt!
Es ist November, aber die Luft ist lau, und der Wind hat die Bäume noch nicht entlaubt. Auf der Insel wird heute ein besonderes Fest gefeiert: „Das Fest der Blumen".
Zu diesem Anlaß ist die Familie Aufgehende Sonne, drei anmutige Siamkatzen, festlich gekleidet. Jeder trägt einen schönen Seidenkimono, der mit Blumen bedruckt ist und mit einer Brokatschärpe zusammengehalten wird. Vater und Mutter Aufgehende Sonne sowie der kleine Sayonara spazieren durch den berühmten „Garten der goldenen Blumen".

2 Weise Ente

Sie begegnen der Malerin Weise Ente. „Du bist aber groß geworden!" wendet sie sich dem Jungen zu. „Als du klein warst, hast du zu jedem ‚sayonara', das heißt ‚ade' gesagt. So bist du zu deinem Namen gekommen. Wußtest du's?"

3 Die Trauerweide

Das Haus von Familie Aufgehende Sonne steht im Schatten einer riesigen Trauerweide. Diese wächst am Ufer des Flusses, der hier ins Meer mündet. Sie wächst dem Haus zu, als wollte sie es beschützen.

4 Wände aus Papier

Ja, du hast richtig gehört, die Wände des Hauses sind aus Reispapier.
Wie von außen ist das Haus auch von innen einfach, aber sehr wohnlich.

5 Sechs Holzpfähle

Es ist auch sonst ein besonderes Haus. Es besteht aus Holz und Papier und steht auf ... sechs festen Holzpfählen am Meeresufer.
Die sympathischen Siamkatzen lieben das Rauschen der Wellen. Der kleine Sayonara setzt sich oft auf die Terrasse und wirft kleine Steine ins Wasser.

November

6 Herrliche Blumen

Die Familie Aufgehende Sonne lebt gern auf der kleinen Fischerinsel, ohne daß einer der drei fischen würde. Sie sind künstlerisch tätig, jeder auf seine Art.
Jeder liebt das dumpfe Rauschen des Meeres wie Musik. Jeder liebt den würzigen Geruch des Salzwassers. Und Herr Aufgehende Sonne könnte außerdem gar nicht weit entfernt vom Meer arbeiten. Du wirst noch erfahren, warum.

Jetzt willst du sicher wissen, womit Frau Aufgehende Sonne den Tag verbringt!

Mit Ikebana, einer in Japan beliebten Kunst des Blumensteckens. Sie macht herrliche Blumengestecke aus Gräsern, Blättern und Blumen.

7 Die Lackdosen

Herr Aufgehende Sonne schafft kleine Kunstwerke aus Lack, um sie zu verkaufen. Es sind Dosen, Schachteln, Schmuckkästchen, Vasen oder Teller aus mehreren Lackschichten, die er kunstvoll bemalt.

Hier siehst du eine Kundin, die sich etwas Hübsches ausgesucht hat. „Ein schönes Schmuckkästchen aus Lack, das golden bemalt ist", lobt Herr Aufgehende Sonne sein Werk.

8 Buntpapier

Auch der kleine Sayonara ist künstlerisch tätig. Weißt du, was er macht? Er nimmt mehrere Blätter Buntpapier und faltet sie so lange, bis die herrlichsten Gegenstände entstehen: Blumen, Raketen, Schmetterlinge, Schiffe oder Tiere. Basteln ist sein Hobby. Diese japanische Kunst des Papierfaltens heißt „Origami".

9 Wettlauf

Alle aus der Familie tun auch etwas für ihren Körper, um fit zu bleiben. Sie machen Joga. Sayonara will bald mit Karate beginnen. Vorläufig läuft er mit seinem Freund Rasender Reiher am Meeresstrand um die Wette. Wenn er müde ist, sammelt er Steine. Einige läßt er auf den Wellen springen und andere …

10 Der Maler

… bemalt er. Tatsächlich malt Sayonara mit Pinsel und Farbe phantasievolle Bilder auf die flachen Steine. Die Lieblingsfarbe der Siamkatze ist Blau, die Farbe ihrer Augen.
Sehen die blauen Zeichnungen auf dem hellgrauen Hintergrund nicht schön aus?

November

11 Die Hütte aus Holz

Nicht weit vom Haus mit den Wänden aus Reispapier, genauer gesagt auf der anderen Seite der Trauerweide, steht eine hübsche bunte Holzhütte.
Wem gehört sie wohl?
Herrn Aufgehende Sonne. Er verschwindet jeden Morgen, wenn schönes Wetter ist, pünktlich um neun Uhr in der Hütte. Warum? Was macht er drin?

12 Das Boot

Lüften wir das Geheimnis! Herr Aufgehende Sonne betritt jeden Morgen die Hütte und ... verläßt sie nach kurzer Zeit durch die Hintertür. Er steht jetzt unmittelbar am Meeresufer, wo sein langes Boot angekettet liegt. Er verstaut einen großen Korb mit Schachteln, Dosen, Schmuckkästchen.

Dann steigt er selbst ins Boot und rudert rechts, links! rechts, links! weit aufs Meer hinaus.
Er rudert und singt dabei ein Fischerlied.

13 Allein auf dem Meer

Vom Ufer aus ist das Boot von Herrn Aufgehende Sonne bald nur noch ein Punkt, weit draußen im Meer. Folgen wir ihm! Was hat er vor? Wie kann er ohne Angel und Netz fischen?
Alle Inselbewohner fahren aufs Meer hinaus und fischen, wie Mark Möwe zum Beispiel. Er wirft das Netz aus und … wartet.

14 Die Lösung

Herr Aufgehende Sonne flieht vor dem Staub aufs weite Meer hinaus. Ja, du hast richtig gehört, er will staubfrei arbeiten. Der Künstler kann dort ungestört malen und muß nicht befürchten, daß sich auf seine Lackarbeiten Staub setzt.

15 Bei Sonnenuntergang

Den ganzen Tag arbeitet Herr Aufgehende Sonne in Ruhe und Einsamkeit draußen auf dem Meer. Mit dem Pinsel trägt er eine Lackschicht nach der anderen auf seine Dosen und Kästchen auf.
Erst wenn er in der Dämmerung die Farben nicht mehr gut unterscheiden kann, kehrt er ruhig nach Hause zurück. Am Meeresufer sitzt Frau Weise Ente mit ihrem Malkasten und malt das heimkehrende Boot vor der untergehenden Sonne.

November

16 Die Einladung

Am Morgen sagt Papa Aufgehende Sonne zu Sayonara und dessen Freund Rasender Reiher: „Wenn ihr Lust habt, könnt ihr mich aufs Meer begleiten." Was für eine Frage! Bald sitzen die Kinder in einem kleinen Boot, das der Papa hinter seinem herzieht. Das wird aufregend!

17 Zwei kleine Künstler

Als Herr Aufgehende Sonne so weit gerudert ist, daß er sicher sein kann, daß ihn kein Staubkorn mehr stört, wirft er den Anker aus. Er beginnt zu malen.
Und was tun Sayonara und sein Freund? Sie basteln aus dem mitgebrachten Buntpapier Schiffchen. Es sind verschieden große und verschiedenfarbige Schiffchen.

18 Papierschiffchen

Die kleinen Künstler binden die Schiffchen aneinander, so daß sie eine lange Kette bilden. Dann lassen sie die Flotte vorsichtig ins Wasser gleiten. Wie lustig sie auf den Wellen schaukeln! Hopp, manchmal hüpfen sie sogar!

19 Eine Tauchübung

Sayonara beobachtet die kleine Flotte. Er macht sich Sorgen, wenn eine größere Welle kommt und die Schiffchen ans Boot schleudert. Und er klatscht vor Freude, wenn sie sich dennoch im Gleichgewicht halten.

Sayonara ist glücklich bei diesem Spiel, er vergißt, daß sie mitten im Meer sind. Und als er sich zu weit über den Rand des Bootes beugt, verliert er das Geichgewicht und fällt kopfüber ins Wasser.

„Achtung!" ruft Rasender Reiher und erstarrt dann vor Schreck. Die Kette mit Schiffchen reißt auseinander.

Und Sayonara schluckt und schluckt von dem salzigen Meerwasser.

20 Schnelle Hilfe

Herr Aufgehende Sonne hört etwas im Wasser aufklatschen und hebt blitzschnell den Kopf. Er sieht noch ein Hosenbein von Sayonara im Wasser und reagiert blitzschnell. Er greift nach dem Ruder und streckt es Sayonara hin, als er auftaucht. Der kann zwar schwimmen, aber im weiten Meer nimmt er die Hilfe gern an.

November

21 Eine gebadete Katze

Hau ruck! und noch mal hau ruck! Der Vater zieht seinen Sohn ruckartig mit dem Ruder näher und hilft ihm dann ins Boot. Sayonara schmiegt sich in die Arme seines Vaters und läßt sich drücken und streicheln. Er zittert vor Kälte. Oder ist es vielleicht vor Schreck? Denn er war auf den Kopfsprung nicht vorbereitet und hat viel von dem salzigen, bitteren Wasser getrunken.
Der kleinen Siamkatze ist die Lust zum Spielen vergangen. Sie kauert gut eingepackt im großen Boot und schweigt. Der Vater hat ihm zur Erwärmung zuerst kräftig mit der flachen Hand den Rücken geklopft. Dann hat er ihn in die weiche, warme Decke gehüllt, in die er sonst seine wertvollen Lackarbeiten einwickelt.
Jetzt nähert sich Herr Aufgehende Sonne mit kräftigen Ruderschlägen dem Ufer.

22 Die Malerarbeiten

Während sich der Vater um seinen Sohn kümmern mußte, hat er selbstverständlich nicht auf seine Arbeiten geachtet.
O weh, das schöne Schmuckkästchen, an dem er zuletzt gemalt hat, das hat gleich mehrere Spritzer Salzwasser abbekommen!

Ob das kleine Kunstwerk wohl zu retten ist? Es stecken viele Stunden Arbeit darin. Sicher, wenn das Kind in Gefahr ist, dann ist alles andere unwichtig!

23 *Armer Reiher!*

Der kleine Rasende Reiher sitzt allein im Boot. Er ist so erschrocken, als sein Freund vor seinen Augen ins Meer stürzte! Er wußte gar nicht, ob er schwimmen kann!

24 *Ade, ihr Schiffchen!*

Der Reiher denkt: „Bin ich vielleicht mitschuldig, daß Sayonara ins Wasser gefallen ist? Habe ich vielleicht zu übermütig gelacht, so daß das Boot zu stark geschaukelt hat?" Im Wasser entdeckt er die Schiffchen. Sie schaukeln immer noch aufrecht auf den Wellen. Wie hübsch sie aussehen!

25 *Seltsame Fische*

Für den Fischer Mark Möwe war das kein guter Tag. Kein Fisch ist ihm ins Netz gegangen. Ist das Meer vielleicht zu ruhig?
War er nicht aufmerksam genug?
Waren die Fische zu schlau?
Oder ist vielleicht der Mond schuld?
Mark Möwe weiß es nicht!
Er wirft das Netz erneut aus, und als er es wieder einzieht, was entdeckt er da?
Lauter kleine Schiffchen aus buntem Papier. „Na, so was!" staunt er. „Wo die wohl herkommen?"

November

26 Herbstzauber

Frau Aufgehende Sonne genießt den Tag. Sie kann in Ruhe ihrem Hobby nachgehen und wird nicht laufend durch Fragen abgelenkt. Sie war im Wald spazieren und hat ein paar Zweige mitgebracht. Wie herrlich die warmen Farben leuchten! „Das gibt einen schönen Herbststrauß für diese Vase", denkt sie. Doch auf einmal horcht sie auf. Was für Geräusche kommen von der Holzhütte? „Mein Mann kann es nicht sein, es ist noch zu früh", überlegt sie.

27 Eine Tasse Tee

Ein paar Sekunden später steht er dann doch mit den Kindern vor ihr. Und als sie die Decke um Sayonaras Schultern sieht, kann sie sich gleich vorstellen, was passiert ist. „Eine Tasse Tee wird uns allen guttun", sagt sie.

28 Papierblumen

Papa Siamkatze hat mit keinem Wort erwähnt, daß das Schmuckkästchen eventuell nicht mehr zu verkaufen ist. Aber Sayonara hat die Spritzer selbst entdeckt. Er will für seinen Vater eine schöne Blume basteln, um ihm eine Freude zu machen.

29 Danke, Sayonara!

Der kleine Sayonara sucht in den Bastelbüchern nach einer schönen Blume, um sie aus Buntpapier zu falten. Er zieht sich in sein Zimmer zurück und arbeitet den ganzen Abend lang. Es wird eine herrliche Blume mit vielen zarten Blütenblättern. Am nächsten Morgen schenkt er sie seinem lieben Papa. Der sieht sich die Blume genau an und ruft dann: „Danke, Sayonara! Das ist ein schönes Geschenk und macht mich glücklich."

Dann fügt er hinzu: „Und du bringst mich auf eine Idee! Bald zeige ich dir, was ich damit meine."

30 Ein kleines Kunstwerk

Als Herr Aufgehende Sonne Sayonaras Blume in Händen hielt, ist ihm plötzlich eine Idee gekommen. Er will auch so eine Blume machen, aber nicht aus Papier, sondern aus weichem Holz. Sogleich macht er sich an die Arbeit. Als die Blume fertig ist, malt er sie mit goldenem Lack an und klebt sie auf das Schmuckkästchen, um die Wasserflecken zu verdecken.

„Ein herrliches Kästchen!" lobt Frau Hund und kauft es gleich.

Dezember

Brunos Weihnachtsfest

1 Leben auf dem Schiff

Findest du es auch ungewöhnlich, wenn jemand auf einem Schiff wohnt? Sozusagen in einem Haus, das immer in Bewegung ist? Die Familie Stampfer jedenfalls wohnt schon lange auf der „Schatzkiste" und findet es überhaupt nicht ungewöhnlich. Nein, die Biber wollen nicht woanders wohnen, Bruno und seine Schwester Barbi schon gar nicht!

2 Zum Einkaufen in Fährsund

Die „Schatzkiste" fährt auf einem großen Fluß. Von Zeit zu Zeit geht sie vor Anker. Dann schiebt Kapitän Stampfer den Laufsteg ans Ufer, und die ganze Familie geht ins Dorf einkaufen. Diesmal sind sie in Fährsund. Die Kinder halten Ausschau nach dem Fährmann Trappe, ihrem alten Bekannten. Ja, dort ist er, und sie winken erfreut.

3 Ohne Anschrift

Wie ist das, wenn Stampfers Post erhalten sollen? Hast du schon daran gedacht, daß sie keine Anschrift haben? Sie sind mal hier, mal dort. Seltsam, auch so etwas gibt es! Wohin geht ihre Post? Ans Postamt von Fährsund. Und wenn sie dort vorbeikommen, holen sie die Briefe und Karten ab.

4 Immer in Bewegung

Wenn du auf einem Schiff wohnst, mußt du dich daran gewöhnen, daß dieses Haus ständig in Bewegung ist. Selbst wenn es vor Anker liegt, schaukelt es leicht hin und her.
Die „Schatzkiste" vibriert außerdem leicht vom stampfenden Motor. Und zusätzlich wird sie von den Wellen auf und ab bewegt. Und diese sind je nach Windstärke, mal kleiner, mal größer.

5 Die Zimmer

An Deck, gleich neben dem Führerhaus ist das Wohnzimmer. Darunter liegen die Küche und zwei Schlafzimmer. Wenn Bruno durch das Bullauge hinausschaut, dann sieht er Wasser, weil sein Schlafzimmer größtenteils unter der Wasseroberfläche liegt.

Dezember

6 Die Fracht

Weißt du, warum das Schiff so tief liegt? Weil es viel geladen hat. Herr Stampfer befördert auf seinem Frachtschiff Waren auf dem Flußweg.
Diesmal hat er eine sehr wertvolle Ladung an Bord …

7 Die Flußkarte

Im Laderaum der „Schatzkiste" sind viele Kisten, Pakete und Päckchen mit ungewöhnlichen Aufklebern. Ich will dir verraten, was drin ist: lauter zerbrechlicher Christbaumschmuck, Spielzeug und Süßigkeiten. Vater Biber schlägt die Flußkarte auf und zeigt den Kindern das Ziel der Fahrt: ein kleines Dorf in einer hügligen und bewaldeten Gegend. Es liegt mitten im Tannenwald und heißt Dreieichen.

8 Der Kalender

Die Biberkinder Bruno und Barbi haben einen Adventskalender bekommen. Jeden Morgen öffnen sie ein Fenster. „Heute ist der achte Dezember!" rufen sie. „Sehr gut", sagt der Vater, „wir werden die Ladung pünktlich vor Weihnachten löschen."

9 Die Schule in der Küche

Bruno und Barbi können keine Schule besuchen, weil sie immer unterwegs sind. Aber sie lernen jeden Tag und schicken die Hausaufgaben per Post ab. Was sie nicht verstehen, erklären Mama oder Papa. Wo findet wohl dieser Unterricht statt?
In der Schiffsküche!

10 Pausen auf Deck

Wenn Pausenzeit ist, huschen die beiden fleißigen Schüler an Deck des Schiffes. Die kleine Barbi nimmt ihre Puppen mit, damit sie an der frischen Luft sind. Für die Puppenkinder hat Bruno etwas getischlert — das macht er nämlich in jeder freien Minute. An eine Kiste hat er vier Räder genagelt … und fertig ist der Puppenwagen. Was er wohl jetzt arbeitet? Er weiß selbst nicht, was es wird, aber er hämmert fleißig weiter.

Dezember

11 Schwimmende Baumstämme

Herr Stampfer versucht, so schnell wie möglich den Zielhafen anzufahren. Er muß die Fracht noch vor Weihnachten dem Ladenbesitzer abliefern. Aber es ist Winter, und man kann nie wissen …
Und wirklich versperren ihm auf einmal Unmengen von Baumstämmen, die frei im Wasser schwimmen, den Weg. Der Käpt'n drosselt gleich die Geschwindigkeit und schlängelt sich vorsichtig zwischen den Hindernissen hindurch. Wie sind die Stämme ins Wasser gekommen?
Weil sie allein schwimmen, ist es am einfachsten, sie so zu transportieren.

12 Dichter Nebel

Die „Schatzkiste" hat sich nur im Schneckentempo durch die vielen Stämme einen Weg bahnen können. Dadurch hat Herr Stampfer viel Zeit verloren. Aber jetzt kann er die Motoren mit voller Kraft arbeiten lassen, und sie kommen schnell vorwärts. Aber nicht lange … Denn bald stoßen sie auf so dichten Nebel, daß man die Hand nicht vor dem Auge sieht. Jetzt fährt das Schiff in Schrittempo. „Ich werde den Weltrekord im Langsamfahren aufstellen", jammert der Käpt'n.

Die Biberkinder dürfen an Deck. „Gib mir die Hand!" flüstert Barbi. Sie findet den Nebel nicht ganz geheuer. Die Kinder reißen die Augen auf, aber dadurch sehen sie auch nicht besser.

13 Wo ist der Leuchtturm?

Die Fahrt ist für Herrn Stampfer sehr anstrengend. Er muß vorsichtig fahren, um ein Hindernis rechtzeitig zu erkennen. Die Tage sind kurz, es wird ganz früh dunkel.
Schon den ganzen Nachmittag hält er Ausschau nach dem Leuchtturm von Wasserscheide. Denn kurz danach darf er die Abzweigung nicht verpassen. Er muß dann den Nebenfluß weiter hinauffahren, um nach Dreieichen zu kommen. Der Käpt'n kennt den Fluß wie eine Straße, aber bei dem Nebel kann sich jeder leicht verfahren.

14 Durch den Wald

Die Motoren stampfen nun noch lauter. Es geht flußaufwärts, mitten durch einen dichten Tannenwald. Alle stehen an Deck. Soweit das Auge reicht, nichts als Tannen! Sie stehen oft so nahe am Wasser, daß ihre Äste das Schiff streifen.

15 Das Bullauge

Die Biberkinder liegen in ihren Betten. „Huu, wenn ich an den dunklen Wald denke ..." flüstert Barbi. Durch das Bullauge sehen sie nur Wasser und dunkle Tannen und hören das Schaben der Äste am Schiffsrumpf. „Wollen die nach der ‚Schatzkiste' greifen?" flüstert sie wieder. Bruno weiß keine Antwort, er schaltet das Licht ein. So ist es weniger beängstigend, und die Kinder schlafen bald ein.

Dezember

16 Unheimliche Stille

Als Bruno am nächsten Morgen erwacht, hat er ein seltsames Gefühl. Etwas ist doch nicht in Ordnung! Das Schiff steht, es bewegt sich nicht, nein, überhaupt nicht, es schaukelt nicht einmal. Als würde es jemand gewaltsam festhalten.
Der kleine Biber ist besorgt und läuft ins Schlafzimmer der Eltern. Es ist leer ...

17 Gefangen im Eis

Bruno sucht seine Eltern auf dem Schiff, aber er findet sie nicht. Dann steigt er an Deck ... Dort entdeckt er Mama und Papa. Sie haben über Schlafanzug und Nachthemd Mäntel angezogen, denn es ist eisig kalt.
Bruno rennt zu seinem Papa und fragt atemlos: „Was ist geschehen?"
„Es ist so kalt geworden, daß der Fluß zugefroren ist. Das Eis hält die ‚Schatzkiste' gefangen, sie kann sich nicht mehr bewegen."

„Das Eis hat keine Hände, aber es hält uns fest!" ruft Bruno erstaunt. „Ja, und es hat mehr Kraft als alle unsere Motoren", fügt der Papa hinzu.

18 Es schneit

Der Himmel ist grau, die Sonne ist nur eine blasse weiße Scheibe. Auf einmal beginnt es zu schneien. Dichte, weiße Flocken segeln durch die Luft. Die Biberkinder fangen sie mit den Händen auf. Die Flocken fallen lautlos nieder, und in kurzer Zeit ist alles in eine weiche, weiße Decke gehüllt. Die Biberkinder springen ausgelassen über das Deck.

19 SOS über Funk

Herr Stampfer überlegt die Lage und bespricht sich mit seiner Frau. Er muß die Fracht noch vor Weihnachten abliefern, das ist klar. Also müssen sie einen Eisbrecher anfordern. Der Käpt'n fordert per Funk Hilfe. In dieser Stille und Unbeweglichkeit scheint das Warten unendlich lange …

20 Allein im Eis

Familie Stampfer ist allein im dichten Schneetreiben, abgeschnitten von der restlichen Welt, gefangen im Eis. Alle haben sich in die Schiffsküche zurückgezogen, jeder findet eine Beschäftigung.

Dezember

21 *Die Hilfe ist da!*

Am nächsten Morgen zerreißt ein lautes Tuckern und Stampfen die Stille: Der Eisbrecher nähert sich. Das starke Schiff bahnt sich entschlossen einen Weg durch das Eis und tritt jetzt aus dem Nebel.

Käpt'n Walroß, ein erfahrener alter Seemann, steht am Steuer des Eisbrechers. Er nähert sich vorsichtig der „Schatzkiste".

22 *Wieder frei*

Krrrz! Die Eisdecke birst wie eine Eischale. „Guck mal, wie er die Eisschollen einfach auseinanderdrückt!" Die Biberkinder begleiten die Arbeit des Eisbrechers mit Zurufen. „Hurra, wir sind wieder frei! Bravo, Käpt'n Walroß!"

23 *Das Löschen der Ladung*

Die „Schatzkiste" erreicht endlich Dreieichen!
Die Bewohner des entlegenen Dorfes waren schon besorgt. Werden sie wohl noch rechtzeitig die bestellten Waren erhalten? Das ganze Dorf empfängt das Schiff. Kaum hat es angelegt, beginnen auch schon die Löscharbeiten. Alle helfen mit, die wertvolle Fracht zu entladen.
Es ist nicht mehr lange bis Weihnachten!

24 Der Tannenbaum

Mutter Stampfer, Bruno und die kleine Barbi sind zu Mittag bei Familie Bär eingeladen.
Es ist schön, mal nicht in der Schiffsküche zu essen!

Inzwischen hat der Vater im geheimen etwas Wichtiges zu erledigen. Er stapft durch den tiefen Schnee in den Wald und sucht eine schöne Tanne aus. Die Biberkinder sollen auch einen schön geschmückten Tannenbaum haben …

25 Frohe Weihnachten!

Bei Stampfers gibt es erst heute Bescherung. Während die Biberkinder schliefen, haben die Eltern die Tanne geschmückt. Und als Barbi und Bruno am Morgen aufstehen, entdecken sie den Weihnachtsbaum.

Die Kerzen brennen, die Kinderaugen leuchten. „Wie viele Kugeln!" staunt Bruno.
„Ein goldener Stern ist auf der Spitze!" ruft Barbi.
Die Eltern beginnen zu singen, und die Kinder stimmen ein. Erst danach werden die Geschenke ausgepackt.

Dezember

26 Die Werkbank

Errate, was Bruno für ein Geschenk bekommen hat! Er will seinen Augen nicht trauen, als er sein Paket auspackt.
„Eine Werkbank! Eine echte Werkbank!" ruft er und räumt gleich das Werkzeug ein.
Dann führt er einen Freudentanz auf und ruft: „An die Arbeit!"

27 Die Puppe

Und was meinst du, hat Barbi in ihrem Karton gefunden? Richtig, eine Puppe. Eine schöne, neue Puppe mit vielen Kleidern. Barbi gibt ihr gleich einen dicken Kuß und drückt sie fest an sich. „Bambola, werd' ich dich rufen! Bambola, gefällt dir der Name?"

28 Brunos Erfindungen

Bruno hat insgeheim für jeden ein Geschenk gebastelt. Er muß sie aber selbst erklären: „Für Mama ist die Schachtel, um Käse aufzubewahren. Papa kann seine Kapitänsmütze daran hängen. Und Barbi wollte immer schon eine Wiege für die Puppen."

29 Bei den Großeltern

Die „Schatzkiste" fährt nun flußabwärts. In Wasserscheide geht sie vor Anker. Familie Stampfer verläßt das Schiff und wandert durch den verschneiten Wald bis zu einem einsamen Holzhaus. Hier wohnen die Großeltern Biber. Wie sich alle über das Wiedersehen freuen!

30 Einladungen

Für alle — Großeltern, Eltern und Enkel — werden es glückliche Stunden. Sie haben sich so viel zu erzählen! Wenn man nur an die Abenteuer der letzten Fahrt denkt. Und Barbi hat der Oma auch ein paar Geheimnisse zugeflüstert … Viel zu schnell vergeht die Zeit! Und weil es inzwischen geschneit hat, schnallen sich die Stampfers ihre Schneeschuhe an. So kommen sie schneller zu ihrem Schiff. Aber vorher fahren sie bei ein paar Freunden aus dem Dorf vorbei und werfen Briefe ein. Haben die Freunde Geburtstag?

Nein, die Eichhörnchen und Waschbären bekommen Einladungen zur Silvesterfeier.

Dezember

31 *Der letzte Tag im Jahr*

Alle Eingeladenen kommen gern zu den Bibern. Es gibt kein schöneres Fest als die Silvesterfeier bei ihnen! Trotz dichten Schneefalls sind alle erschienen: die lieben Großeltern Biber, Familie Eichhorn mit ihren drei Kindern und Familie Waschbär. Sie haben ihr Baby mit dabei und zeigen es stolz herum, bevor sie die Wiege auf den Tisch stellen.
Alle fühlen sich wohl auf dem Schiff, sie singen und tanzen und feiern ... bis ins neue Jahr hinein.

„Viel Glück im neuen Jahr!" ruft Herr Stampfer, als die Uhr zwölf schlägt.
„Und noch viele schöne Fahrten auf der ‚Schatzkiste'!" fügt seine Frau hinzu. „Und viele bunte Abenteuer!" sagt Bruno. Und das wünschst du ihm doch auch!

Dieses Buch gehört:

JULIA GRÖPPEL

JULIA
GROPPEL